气候变化下中国南北过渡带及其农业生产脆弱性研究

李亚男 著

河南大学出版社
·郑州·

图书在版编目(CIP)数据

气候变化下中国南北过渡带及其农业生产脆弱性研究/李亚男著. --郑州：河南大学出版社，2023.11
ISBN 978-7-5649-5727-8

Ⅰ.①气… Ⅱ.①李… Ⅲ.①气候变化-影响-农业生产-研究-中国 Ⅳ.①F32

中国国家版本馆 CIP 数据核字(2023)第 241852 号

QIHOU BIANHUA XIA ZHONGGUO NAN-BEI GUODUDAI JIQI
NONGYE SHENGCHAN CUIRUOXING YANJIU

责任编辑	董庆超
责任校对	郑　鑫
封面设计	马　龙

出版发行	河南大学出版社
	地址：郑州市郑东新区商务外环中华大厦 2401 号　　邮编：450046
	电话：0371-86059715(高等教育出版分社)
	0371-86059701(营销部)　　网址：hupress.henu.edu.cn
排　版	郑州市今日文教印制有限公司
印　刷	广东虎彩云印刷有限公司
版　次	2023 年 11 月第 1 版　　印　次　2023 年 11 月第 1 次印刷
开　本	890 mm×1240 mm　1/16　　印　张　6.5
字　数	140 千字　　　　　　　　　定　价　30.00 元

(本书如有印装质量问题,请与河南大学出版社营销部联系调换)

目 录

第1章 绪论 …………………………………………………………………（1）
1.1 研究背景与意义 ………………………………………………………（1）
1.2 研究目的与拟解决的关键问题 ………………………………………（4）
1.3 研究思路与内容 ………………………………………………………（5）
1.4 研究区域与数据来源 …………………………………………………（7）
1.5 研究方法与技术路线 …………………………………………………（9）

第2章 相关研究进展与理论基础 ………………………………………（11）
2.1 相关概念界定 …………………………………………………………（11）
2.2 相关研究进展 …………………………………………………………（13）
2.3 理论基础 ………………………………………………………………（23）

第3章 气候变化下我国南北过渡带地域范围的表达及定量探测 ……（26）
3.1 研究方法 ………………………………………………………………（26）
3.2 数据来源与处理 ………………………………………………………（28）
3.3 南北过渡带范围的地理表达 …………………………………………（29）
3.4 南北过渡带范围的定量探测 …………………………………………（30）
3.5 本章小结 ………………………………………………………………（32）

第4章 RCPs情景下的中国南北气候过渡带范围 ……………………（35）
4.1 数据与方法 ……………………………………………………………（35）
4.2 RCPs情景下南北分界指标的过渡带 ………………………………（36）
4.3 RCPs情景下中国南北过渡带范围的确定 …………………………（36）
4.4 本章小结 ………………………………………………………………（42）

第5章 中国南北过渡带变化趋势及变化类型 …………………………（45）
5.1 中国南北气候过渡带的变化趋势 ……………………………………（45）
5.2 中国南北过渡带变化的变化类型 ……………………………………（46）
5.3 本章小结 ………………………………………………………………（48）

第6章 南北过渡带农业生产的气象灾害扰动 …………………………（50）
6.1 农业气象灾害数据统计 ………………………………………………（50）
6.2 南北过渡带主要气象灾害时间变化特征 ……………………………（53）
6.3 南北过渡带主要气象灾害变化趋势空间分布 ………………………（56）

6.4 南北过渡带主要气象灾害空间分布特征……………………………………（59）
6.5 本章小结……………………………………………………………………（66）

第7章 基于人地耦合系统的南北过渡带农业生产脆弱性……………………（67）
7.1 研究方法……………………………………………………………………（67）
7.2 基于人地耦合系统的农业生产脆弱性框架………………………………（68）
7.3 自然扰动下的典型区域农业生产胁迫……………………………………（72）
7.4 基于人地耦合系统的农业生产脆弱性……………………………………（74）
7.5 本章小结……………………………………………………………………（89）

参考文献………………………………………………………………………………（91）

第1章 绪 论

1.1 研究背景与意义

1.1.1 研究背景

(1) 全球气候变化下农业生产的脆弱性与易损性

政府间气候变化专门委员会(IPCC)历次评估报告(1990;1995;2001;2007;2013)的研究结果充分证实了全球气候变暖的不争事实。IPCC第六次评估报告第一工作组(IPCC AR6 WG I)发布的《2021气候变化:自然科学基础》指出人类活动已经引起了大气、海洋和陆地的变暖,预计到21世纪中期,气候系统的变暖仍将持续。全球变暖对整个气候系统的影响是过去几个世纪甚至几千年来前所未有的。全球气温每增加0.5℃,就会导致极端高温的强度和频率明显增加,包括热浪、强降水以及一些地区的农业和生态干旱,从而造成生态系统及人类系统等多方面的振荡(IPCC,2021)。在气候变化影响的诸多方面中,农业是对当前的气候波动和未来的气候变化最敏感的部门,并表现出更为明显的脆弱性和易损性(Burton et al,2002;Alam et al,2013)。气候变化下光照、温度、湿度等农业气候资源的配置状况的改变影响了农作物对气候资源的利用方式和利用率,从而影响了农作物的生产潜力。极端气候事件的不确定性也带来了难以预料的自然风险,不断冲击和挑战全球农业生产的应对方式。已观测及模拟的影响表明,在不考虑农作物已适应的情况下,气候变化已经对全球许多区域主要作物(小麦、水稻和玉米)的产量均将产生不利影响,负面影响的结果比正面影响更为普遍(IPCC,2014)。

(2) 气候变化下南北过渡带研究的重要性和复杂性

中国南北过渡带是中国大陆上最重要的地理-生态过渡带,因其具有高度的环境复杂性、生物多样性、气候敏感性以及过渡性,对于中国地理格局研究的深化、生物区系的演化、地理要素对气候变化的响应机理研究都具有重大意义,是中国科学家在地理、生态、气候变化研究方面取得科学突破的关键地区之一(张百平,2019)。1908年,张相文在《新撰地文学》中首次将秦岭－淮河一线界定为中国南北方自然地理分界线(张相文，2013)。此后100多年，中国地学科学家们一直在改进中国南北分界的划分指标，探索南北分界线的具体位置(张百平，2019；竺可桢，1958；黄秉维，1959；丘宝剑，1993；吴绍洪等，2002)。随着研究的不断深入，科学家们指出中国南北分界应处于亚热带气候的显著特征隐退而暖温带显著特征显现的过渡地段，不仅能够把同一等级的内部相对一致的地域单元彼此分隔开来，还能表现出其外部的差异性(吴绍洪等，2002)。它不是非此即彼的线，而是一条宽窄不一的带，且在气候变化下随时间而迁移变化。由此衍生出关于中国南北过渡带一系列新的科学问题，如南北分界线与南北过渡带是何关系，南北过渡带位置、走向、范围及边界在哪里，气候变化下中国南北过渡带会如何变化等，成为地理学界关注的新热点。

在全球变暖的气候格局下，不同划界气候指标界线的迁移变化会引起南北过渡带范围和边界的变动，对区域内农业生产影响极大(缪启龙等，2009；Shi et al，2014；吴绍洪等，2016；王铮等，2016)。就单个气象指标而言，800 mm等降水量线在20世纪80年代、21世纪最初十年北移，在20世纪70和90年代、21世纪第二个十年初南移，且纬度降低趋势较明显(李雪萍等，2016)。1月0 ℃等温线从秦岭－淮河一带向北推进到黄河一线(宁晓菊等，2016)。20世纪90年代初以来，秦岭以北的1月份平均温度、日均温≥10 ℃的日数和积温的增加均比秦岭以南更大、更显著(周旗等，2011)。总体而言，当南北过渡带的位置北移时，夏季降水减少、气候偏旱；当南北过渡带的位置南移时，则夏季降水增加、气候偏涝(刘富弘等，2010)。这些迁移变化对于南北过渡带中气候稳定区域的农业生产影响较小，但对气候敏感区的农业生产却影响巨大。气候变化下中国南北过渡带的范围是怎样迁移变化的，哪些区域是南北过渡带中气候稳定的区域，哪些区域是气候敏感区域，气候稳定区域与气候敏感区域内的农业受影响程度和生产方式是否存在差异性，气候敏感区的农业生产应如何适应气候变化、防范风险？因此，基于南北过渡带气候变化的复杂性和敏感性，急需拓展对全球变暖背景下南北过渡带的响应方式、变化和适应的认识，希望在全球气候变化的关键区域农作物的适应研究中取得突破。

（3）农业生产适应气候变化的迫切性

农业是受气候变化影响最直接最脆弱的产业，气候变化造成的粮食短缺可能会比海平面上升等影响来得更快、也更早(丁一汇，2007)。尽管人们对未来粮食供求变化的认识还存在差异，但是对研究农业适应措施的重要性均已达成共识，提高适应能力将帮助农业生产更好地应对气候变化的影响，降低农业生产的脆弱性。目前，针对观测到的和预估的未来气候变化部分区域正在采取一些适应措施，但是农业适应气候变化的模式和技术措施不成体系，缺乏系统的理论研究与应用示范。农业适应气候变化对技术和资金的投入的要求高，且受农业适应主体的影响较大，各地区所处的气候变化和环境不同、农业技术和经济水平不同，适应主体对于气候变化的感知、适应意愿及农业适应行为的决策不同,最终导致农业适应行为的实施能力和实施效果千差万别。识别气候变化下农业生产的脆弱区域,发现区域农业生产脆弱性的关键影响因素,对于科学地引导农业适应行为、增强农业对气候变化的适应能力至关重要。对于确保气候变化下的粮食安全、维护农业生产稳定性、促进农民增收和提高生活水平意义重大。

1.1.2 研究意义

(1) 100多年来,地理学界一直在探讨中国的南北分界线或南北过渡带的具体位置、走向、范围和边界在哪里。本研究从农业生产的目的出发,通过对中国南北过渡带进行地理表达,用空间可视化的方式,将南北过渡带的过渡状况直观展现,证明了南北分界不是一条非此即彼的线,而是通过一条宽窄不一的带来完成,验证了中国南北过渡带的存在。将统计学中的均值-标准差的方法引入南北过渡带范围的界定中,在空间上对南北过渡带的范围进行定量辨识,确定了基于历史观测数据(1951—2018年)和典型浓度路径(RCPs)情景下(2019—2099年)中国南北过渡带的范围和南北边界,识别中国南北过渡带的稳定区域和敏感区域,对比了历史和未来中国南北过渡带的变化情况。这些研究对于我国地域结构研究的深化以及地理要素变化对于全球气候变化的响应机理的研究都具有重大意义,有助于提升对中国南北过渡带全面系统的认识。

(2) 随着气候变化研究的深入,采用多学科交叉融合的方法开展区域人地耦合系统脆弱性研究已成为主流。区域人地耦合系统脆弱性研究在概念界定、要素、研究尺度、理论模型构建、评价指标体系及方法等方面都取得了重要突破。但脆弱性评价不仅是针对脆弱区域和脆弱群体的现状评价,还应从时间序列和空间格局演化的角度动态分析系统脆弱性,以便更精准地识别未来的脆弱性区域,防患于未然。本研究对比了历史时期和RCPs不同情景下南北过渡带的动态变化特征,通过统计历史和未来南北过渡带稳定区和敏感区的区域变化情况识别了南北过渡带的典型区域。由于地理环境因素对人类空间行为的影响,长期处于气候稳定区的群体的风险感知和应对能力可能比长期处于气候敏感区的群体稍差。当历史的稳定区在未来转变为敏感区,由于其自身特征及应对能力不足导致的社会脆弱性问题将会凸显,因此这类区域是需要重点关注的区域。在农业气象灾害发生时,这种外部自然环境的扰动将会因典型区域内部人文-社会系统中人口、经济、体制等主要驱动因子的差异而呈现出社会脆弱性的差异。本研究构建南北过渡带典型区域农业生产人地耦合系统脆弱性的分析框架,补充和丰富人地耦合系统脆弱性研究的理论和方法,精准识别典型区域农业生产的脆弱区域,为实施靶向性农业适应策略,减灾防灾提供案例支撑。

1.2 研究目的与拟解决的关键问题

1.2.1 研究目的

人类对气候系统干扰的后果正在出现,而气候变化又给人类系统和自然系统造成各种风险。《IPCC第五次评估报告》第二工作组的报告(AR5 WGII)在评估影响、适应和脆弱性时评价了气候变化导致的风险和潜在效益模式如何改变,考虑了怎样通过减缓和适应来降低和管理与气候变化有关的影响和风险(IPCC,2014)。

中国南北分界以及南北过渡带的确定对农业生产意义重大,南北过渡带的农业生产因气候变化的不确定性而面临着未知风险。气候变化背景下,历史时期中国南北过渡带的范围在未来情景下将会发生变化:一些区域在历史和未来可能始终处于过渡带的核心稳定区,一些历史时期的稳定区域在未来可能会转为敏感区域,一些区域在历史和未来均处于气候变化的敏感区。农业生产除了受气候渐变状态下光—温—水组合的影响,还受气候变化极端天气事件的威胁。一旦遭遇极端天气事件,这些气候变化敏感区有可能因应对能力不足由农业生产的潜在风险区转变为农业生产脆弱区,导致农业气象灾害的发生。气象灾害自然扰动下和综合考虑自然和人类系统相互作用下的农业生产脆弱性评价结果可能存在空间差异,造成农业生产脆弱区的不确定性,那些灾害扰动等级高的区域可能不是实际农业生产脆弱区域,而灾害扰动等级低的区域却可能成为实际农业生产脆弱性区域。为减少这种不确定性带来的气候变化风险,本研究从灾害胁迫、暴露度、敏感性和适应能力四个维度构建人地耦合系统的脆弱性分析框架,对南北过渡带动态变化下典型区域农业生产的脆弱性进行综合评价,识别了南北过渡带冬小麦、夏玉米在极端降水或干旱单一灾害因子扰动下的脆弱区,进而统计了遭受极端降水和干旱多种灾害因子扰动的脆弱区,这些区域是南北过渡带农业生产风险防范需重点关注的区域。分析这些区域的脆弱性主导因子并制定有针对性的脆弱性防范策略,为南北过渡带农业生产适应气候变化和防灾减灾提供科学的参考依据。

1.2.2 拟解决的关键问题

(1)中国南北分界如何划分及具体位置在哪里?如果中国南北分界是一条概念化的地理界线,线的位置在哪里、走向如何?如果是一个过渡带,其亚热带气候的显著特征隐退和暖温带显著特征显现的是如何实现过渡的,过渡带的位置、走向、范围及边界在哪里?

(2)气候变化下,历史时期的南北过渡带在RCPs情景下将会发生怎样的变化?在RCPs的不同情景下,哪些区域因中国南北过渡带的动态变化而变成潜在风险区?

（3）南北过渡带农业生产遭受气象灾害扰动的实际情况及农业生产脆弱性如何，脆弱性的主导因子是什么？如何因地制宜地制定脆弱性防范策略和调控政策？

1.3 研究思路与内容

1.3.1 研究思路

本研究首先以服务农业生产为目的，综合了前人的研究，选取南北过渡带的划界指标，通过 ArcGIS 的栅格计算对各气候指标的过渡带进行地理表达。运用 1951—2018 年各指标的历年等值线变化的空间分布表征气候变化下南北过渡带的变动范围。借鉴统计学中均值－标准差的方法，对我国南北过渡带的范围进行了定量探测，确定了南北过渡带的气候稳定区和气候敏感区。进而采用跨领域影响模式比较计划（ISIMIP）提供的多模式数据集（黄金龙等，2015；Xu Y et al，2015；赵天保等，2016；刘彩红等，2015；王涛等，2020），确定 RCPs 情景下中国南北过渡带的范围；分析历史和未来情景下中国南北过渡带的动态变化特征，对比历史和未来气候稳定区和敏感区的区域变化，从理论层面识别了中国南北过渡带的典型区域；以极端降水和干旱为气象灾害扰动因子，以中国南北过渡带主要粮食作物冬小麦和夏玉米为气象灾害扰动对象，分析了该区域的气象灾害的变化趋势、区域内各站点变化趋势的空间分布状况以及气象灾害的空间分布状况，验证了南北过渡带自然状态下农业气象灾害的发生情况；从灾害胁迫、暴露度、敏感性和适应能力四个维度构建人地耦合系统的脆弱性分析框架，对典型区域农业生产的脆弱性进行综合评价，识别南北过渡带农业生产的脆弱区并分析了脆弱性主导因子，制定了有针对性的脆弱性防范策略。具体的技术路线详见图 1-1。

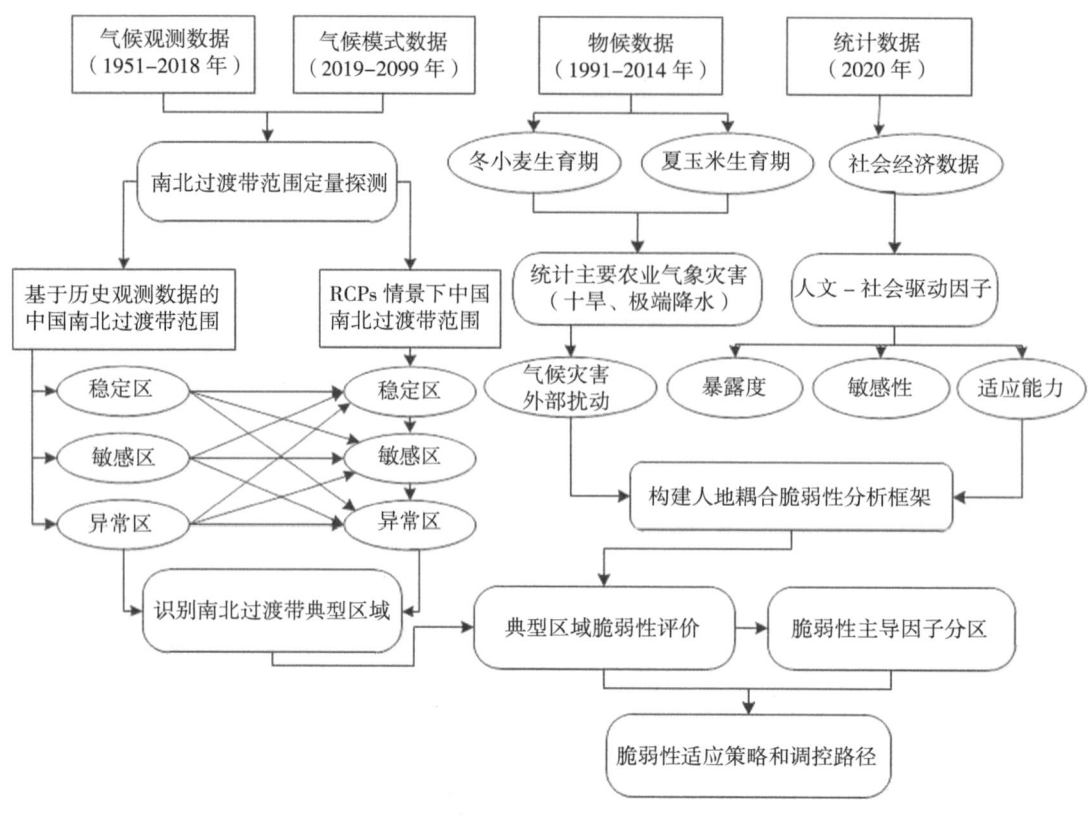

图 1-1 本研究总体研究框架

1.3.2 研究内容

（1）中国南北气候过渡带范围的地理表达及定量探测

气候变化下中国南北过渡带的动态变化及地域范围探测是识别农业生产敏感区、研究农业适应行为的基础。前人基于"自上而下"或"自下而上"的方法，采用不同的划界指标对中国南北过渡带的范围进行了探索，但对气候变化下南北过渡带范围的地理表达及其地域范围的定量探测较少涉及。采用 1951—2018 年 2400 多个国家气象站点气温和降水的逐日观测数据，以 800 mm 等降水量线、1 月 0 ℃均温、日均温≥10 ℃积温 4500 ℃等值线、日均温≥10 ℃日数和干燥度指数 0.5 为划界指标，运用 ArcGIS 栅格计算和均值-标准差对中国南北过渡带进行地理表达，从而验证中国南北分界是一条非此即彼的线或是一个宽窄不一的过渡带的问题。最后统计分析了 1951—2018 年中国南北过渡带的动态变化，确定了中国南北过渡带的范围与边界。

（2）RCPs 情景下的中国南北气候过渡带范围

气候情景预估显示未来百年气候变暖仍将持续（马丹阳，2019），温度持续升高和降水的波动变化将对未来的中国南北过渡带产生一定影响，甚至可能使之发生重要转变。预估未来中国气候南北过渡带的动态变化，对揭示中国南北过渡带对气候变化的敏感性和敏感区，科学地制定气候变化适应策略具有重要意义。利用 ISIMIP 提供的多模式数据集的未来模拟气象数据,采取与历史时期中国南北过渡带相同的定量探测方法,确定 RCPs 情景下中国南北过渡带的范围与边界。

(3) 中国南北过渡带变化趋势及变化类型

气候变化风险和脆弱性是气候变化的研究热点,典型区域的气候变化研究应被重点关注。气候变化背景下,历史时期的中国南北气候过渡带的位置和范围将发生变化,气候稳定区、敏感区的范围也将随之改变。厘清中国南北气候过渡带的变化特征,识别南北过渡带典型区域对于防范气候变化风险,提高风险的应对能力至关重要。通过对比历史和未来中国南北气候过渡带的位置和范围,归纳并统计出 16 种变化情况,将从历史到未来始终处于稳定区的县域、从历史到未来始终处于敏感区的县域、历史时期处于稳定区未来始终处于敏感区的县域、历史时期处于稳定区未来可能处于敏感区或稳定区的县域识别为典型区域。

(4) 南北过渡带农业生产的气象灾害扰动

以增温为主要特征的全球气候变化改变了降水、气温等气象灾害致灾因子的时空演变规律,复杂多变的气候导致了自然灾害频发,极端气候事件的频率和强度也显著增加。为探明南北过渡带农业生产受气象灾害扰动的影响,本研究以极端降水和干旱为气象灾害扰动因子,以中国南北过渡带主要粮食作物冬小麦和夏玉米为气象灾害扰动对象,分析了该区域的气象灾害的变化趋势、区域内各站点变化趋势的空间分布状况以及气象灾害的空间分布状况,验证了南北过渡带自然状态下农业气象灾害的发生情况。

(5) 基于人地耦合系统的南北过渡带农业生产脆弱性评价

南北过渡带典型区域是一个多维复杂系统,其脆弱性不仅受到农业气象灾害扰动的影响,还受人与社会系统内在结构特征的影响,系统的结构特征、适应能力、扰动与社会系统之间的相互作用将加剧或缓解典型区域的脆弱性状态。典型区域内长期处于气候变化稳定区和气候变化敏感区的农户,其对气候变化的感知、农业生产的投入和农业风险的防御能力都存在差异,当农业风险发生时,典型区域的脆弱性各不相同。本研究基于人地耦合系统脆弱性理论,从灾害胁迫、暴露度、敏感性和适应能力四个维度构建人地耦合系统的脆弱性分析框架,对南北过渡带农业生产的脆弱性进行综合评价,识别了农业生产的脆弱区并探明导致脆弱性的主导因子。

1.4 研究区域与数据来源

1.4.1 研究区域

中国南北过渡带是中国大陆上最重要的地理-生态过渡带,它既是一个完整的地理、地貌单元,也是中国区分暖温带和亚热带的一条最重要的地理界线和农业地带界线。从空间范围来看,传统的以秦岭—淮河为分界线的南北过渡带跨越陕西、甘肃、河南、湖北、四川等省,大致西起甘肃南部的武都,沿秦岭的山脊到河南的伏牛山,向东南延伸约 2000 km,大致以南阳、信阳为界,分为东西两段。东段属淮河流域谷地,以平原为主,海拔多在 200 m 以下,西段属秦巴山地,海拔在 1500 m 以上 4000 m 以下。本研究中的中国南北过渡带是基于服务农业生产的目的,采用历史气候观测数据和未来气候模式数据,选取气候要素为南北分界指标划分的中国南北气候过渡带,是进一步研究中国南北过渡带农业生产适应气候变化的基础。

1.4.2 数据来源

(1) 气象数据

本研究所采用的 1951—2018 年 2400 多个中国国家气象站点的逐日气温、降水、蒸散量等气象数据来源于中国科学院资源环境科学数据中心(http://www.resdc.cn/data.aspx)。在气象数据的实际使用过程中,根据研究需要对气象要素的原始数据进行统计和计算,得到需要的气候指标。

(2) 未来气候模式数据

跨领域影响模式比较计划(The Inter-sectoral Impact Model Intercomparison Project,ISIMIP)致力于探讨全球变化对地表过程和人类社会影响,该机构的研究结果已经成为 IPCC 报告中模拟过去和预测未来全球变化影响的主要依据。目前,ISIMIP 基于过程模型已经完成对未来不同典型浓度路径情景下(Representative concentration pathways,RCPs),水资源、洪涝灾害、生物圈、冻土、农业影响的预测,按照人为碳排放由低到高分为 RCP2.6、RCP4.5、RCP6.0 和 RCP8.5 等四种情景。本研究采用 ISIMIP 提供的多模式数据集中模拟耦合模式比较计划第五阶段(Coupled Model Intercomparison Project Phase 5,CMIP5)试验中的 5 个全球气候模式(Global Climate Model,GCM)数据来开展南北过渡带未来的气候变化分析(Taylor K E et al,2012;梁玉莲等,2016;Yang X L et al,2021)。

(3) 统计数据

本研究中南北过渡带农业生产脆弱性分析框架中涉及的社会经济数据来源于 2020 年中国各省统计年鉴、2020 年中国县域统计年鉴、2020 年研究区地市级、县级统计年鉴及 2020 年国民经济和社会发展统计公报。

1.5 研究方法与技术路线

1.5.1 研究方法

(1) 文献分析法

文献分析法是指对收集到的文献资料进行归纳、整理或重新加工,借以明确研究对象的基本内涵、性质特征和发展现状,从而引出自己的观点、看法或者聚焦研究问题的一种分析方法,同时也是展开科学研究的基础和先决条件(黄李辉等,2017)。通过阅读国内外相关领域的研究文献,基本掌握了关于地理气候带划分的指标选取、过渡带划分方法和中国南北过渡带研究的关键科学问题,对文中南北过渡带划分方法的改进和创新起到促进作用。通过对脆弱性研究的梳理,明晰了脆弱性的概念、内涵和分析框架,加深了对人地耦合系统脆弱性理论的理解,为构建人地耦合系统脆弱性分析框架奠定了基础。

(2) GIS 空间分析方法

GIS 空间分析方法在本研究中贯穿整个研究的始末。概括而言,本研究需要用到的空间分析方法包括:地统计分析、栅格运算、空间叠加等方法。具体而言,根据探索性空间分析方法分析潜在气候因子的分布特征,继而使用地统计方法对气候因子点数据进行空间化,并对空间化结果精度进行评估,根据栅格运算相关方法计算得到南北过渡带的范围,利用空间叠加、分区统计、分类等方法划分脆弱性等级及防范分区。

(3) 计量分析方法

利用 800 mm 等降水量线、1 月 0 ℃等温线、日均温≥10 ℃积温 4500 ℃等值线等分界指标的均值线和不同标准差倍数的组合来划分气候变化下各气候要素的摆动范围。标准差反映了降水和温度相对于平均水平的偏离程度,用均值和标准差能反映不同地域降水和温度的变异情况。由均值线求得不同倍数的标准差,用标准差的范围来展现各气候要素变化的稳定区和敏感区。

1.5.2 技术路线

本研究以区域分异理论和人地耦合系统脆弱性理论为基础,首先通过选取 800 mm 等降水量线、1 月 0 ℃等温线、日均温≥10 ℃积温 4500 ℃等值线、日均温≥10 ℃日数 219 天等值线和干燥度指数 0.5 作为南北分界指标,通过 ArcGIS 地理计算对气候指标的过渡带进行了可视化表达,并借鉴统计学中均值-标准差的方法确定了南北过渡带的范围。然后采用相同方法,用未来气候模式数据模拟了 RCPs 的 4 种情景下未来南北过渡带的范围。通过历史和未来南北过渡带范围的比对,分析南北过渡带的动态变化特征,从历史、未来稳定区、敏感区等不同变化情况的组合中识别出南北过渡带的典型区域。以极端降水和干旱为气象灾害扰动因子,选取冬小麦和夏玉米生育期内降水日数、大雨日数、暴雨日数、连阴雨频次、最大连阴雨过程雨量、最长连阴雨日数、基于月尺度和年尺度的标准化蒸散发指数(Standardized Precipitation Evapotranspiration Index,SPEI)为灾害指标,分析了该南北过渡带气象灾害的变化趋势、区域内各站点变化趋势的空间分布状况以及气象灾害的空间分布状况;在此基础上,评价了仅考虑灾害胁迫和综合考虑灾害胁迫、暴露度、敏感性和适应能力共同作用下的南北过渡带典型区域农业生产的脆弱性,识别南北过渡带农业生产的脆弱区,并通过识别脆弱性主导因子提出精准的脆弱性防范策略(图 1-2)。

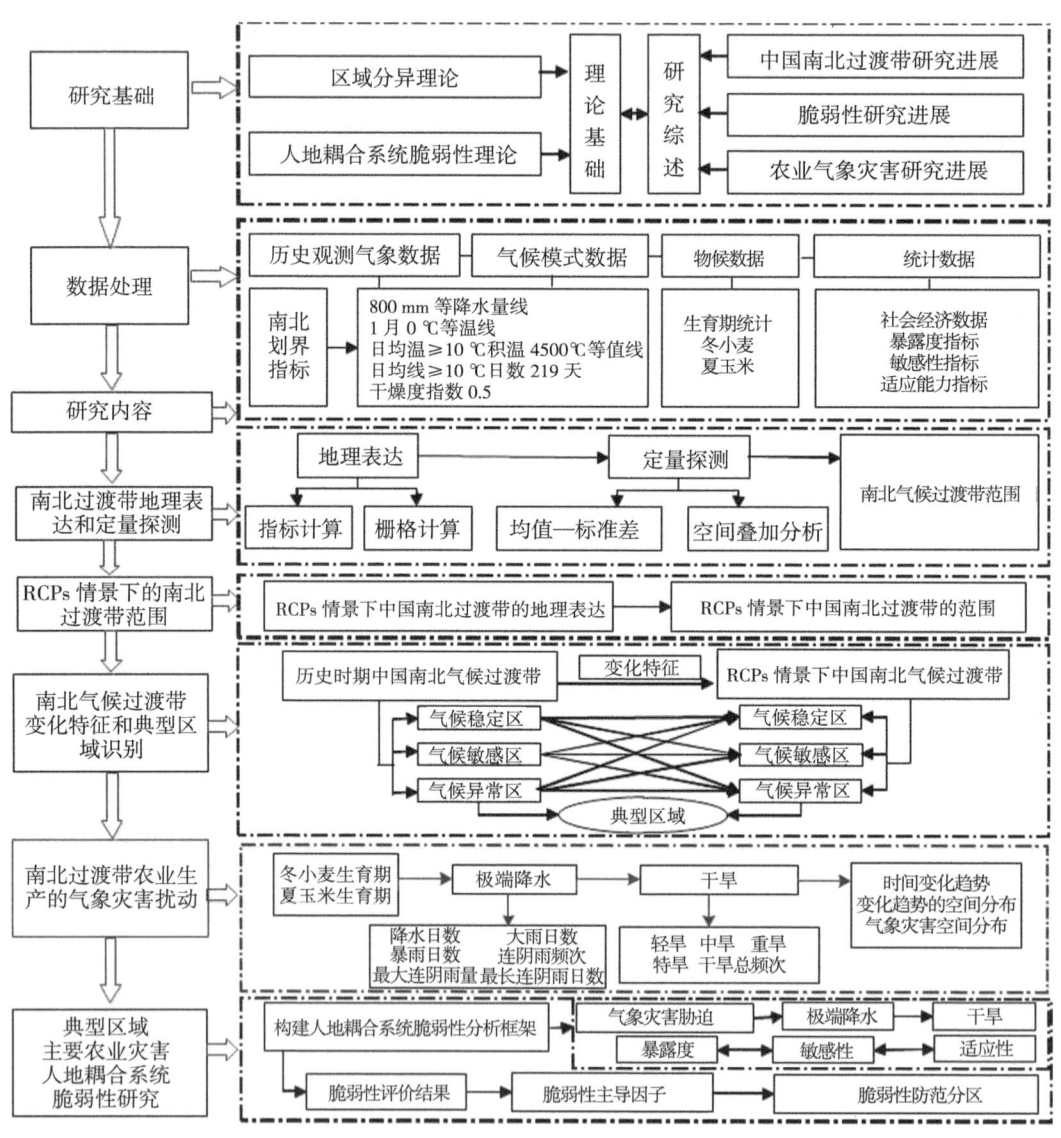

图 1-2　技术路线图

第 2 章 相关研究进展与理论基础

2.1 相关概念界定

2.1.1 南北过渡带

南北过渡带的概念起源于中国综合自然区划中亚热带的划分。亚热带是气候上的概念，反映了热带与温带之间逐渐过渡状态，准确刻画了自然界的这种渐变。关于中国亚热带界线的研究从 20 世纪 50 年代一直延续至今，研究内容包括亚热带南界的划分和亚热带北界的划分（竺可桢，1958；丘宝剑，1984；吴绍洪等，2000；杨勤业等，2006；寇志翔等，2020）。亚热带的南界即热带的北界，亚热带的北界即北亚热带与暖温带的界线。气候变化下，亚热带南界和北界的位置随冷暖交替而不同，冷期向南推进，暖期又向北推进，亚热带南界的极端最南界和极端最北界、亚热带北界的极端最南界和最北界之间便形成了过渡性的波动带。目前对中国南北过渡带的研究主要集中在对秦巴山地的研究方面，作为完整的地理、地貌单元，秦巴和大巴山因其多维地带性变化的特点，呈现高度的复杂性、多样性、过渡性和敏感性，是中国南北过渡带的主体（张百平，2019；赵芳等，2019；姚永慧等，2020；张俊华等，2021）。学者们基于自然地理学的视角从中国南北过渡带的土壤类型、植被分布等方面揭示了土壤和植被的多维过渡特征及其变异机理，对于深化对南北过渡带的认识具有重要意义。本研究中的中国南北过渡带是指采用气候指标划分的中国南北气候过渡带，通过揭示气候指标过渡性特征，进一步丰富对南北过渡带复杂性的研究，研究结果可为中国南北过渡带农业生产适应气候变化、防灾减灾提供科学依据。

2.1.2 RCPs

跨领域影响模式比较计划（The Inter-sectoral Impact Model Intercomparison Project，ISI-MIP）致力于探讨全球变化对地表过程和人类社会影响，该机构的研究结果已经成为 IPCC 报告中模拟过去和预测未来全球变化影响的主要依据。目前，ISIMIP 基于过程模型已经完成对未来不同典型浓度路径情景下(Representative concentration pathways,RCPs),水资源、洪涝灾害、生物圈、冻土、农业影响的预测,按照人为碳排放由低到高分为 RCP2.6、RCP4.5、RCP6.0 和 RCP8.5 等四种情景,后面的数字分别表示到 2100 年的辐射强迫水平 2.6 W/m²、4.5 W/m²、6.0 W/m² 和 8.5 W/m²。

(1) RCP2.6 是温室气体排放和辐射强迫最低的情景,辐射强迫从 3 W/m² 降至 2100 年减少为 2.6 W/m²,全球平均气温上升限制在 2 ℃ 以内。在此情景下,全球范围内能源利用类型的改变,使温室气体排放显著减少,RCP2.6 是全球作物面积增加最大的排放情景。

(2) RCP4.5 为政府干预下的中等排放情景,至 2100 年辐射强迫稳定在 4.5 W/m²。该情景考虑了与全球经济发展相适应的温室气体等其他物质的排放,用最低代价达到辐射强迫目标。在此情景下,化石燃料使用率的不断降低,技术发展较快,通过多用电能、低排放能源技术限制温室气体的排放,经济、社会和环境可持续发展。

(3) RCP6.0 为政府干预下的另一种中等排放情景,反映了生存期短的物质和生存期长的全球温室气体排放,以及地表变化,导致到 2100 年辐射强迫稳定在 6.0 W/m²。在此情景下,人口数目 2100 年将增至 100 亿,各种政策和战略的制定减少了温室气体的排放,然而与 RCP2.6 和 RCP4.5 相比,排放量缓解程度依然较低,此外,耕地面积的增长对森林面积的影响程度较小。

(4) RCP8.5 是在无气候变化政策干预时的最高的温室气体排放情景。在此情景下,随着全球人口大幅增长、收入缓慢增长以及技术变革和能源效率改变导致的化石燃料消耗变大,至 2100 年辐射强迫升至 8.5 W/m²。该情景人口最多、技术创新不高、能源改善缓慢,缺少应对气候变化的政策,大规模的人类活动加速温室气体排放,增加了气温和降水的异质性。

2.1.3 脆弱性

脆弱性的概念起源于灾害研究,脆弱性在灾害研究中原指"受到伤害的可能性",逐渐被学者们扩展至不同学科和研究领域。由于学科背景和研究视角的不同,脆弱性概念的界定尚未达成共识。梳理脆弱性的相关文献发现,脆弱性概念大致可分为强调承灾体本身"自然脆弱性"和强调脆弱性产生根源的"社会脆弱性"两类。第一类概念如政府间气候变化专门委员会(IPCC,2001)评估报告中将脆弱性定义为系统容易受到气候变化造成的不良后果影响或者无法应对不良后果的程度,此类概念认为脆弱性是系统本身的一种状态和特质,当系统面临外界或内部的扰动时,这种特质就会显现出来。第二类概念如 Cutter 提出脆弱性是衡量群体对自然灾害的敏感性及其应对和从灾害影响中恢复能力的指标(Cutter SL et al,2008);Fussel 将社会脆弱性定义为个人、团体或社区缺乏应对和适应外界压力影响其生计和福祉的能力;此类概念强调群体对风险的敏感性以及应对风险和从损害中恢复的能力(Fussel H M et al,

2006)。

通过对文献的归纳总结,发现脆弱性概念均包括以下3个方面的内涵:一是外部的扰动因素,包括自然系统、人文—社会系统单方面的扰动或多重压力共同作用的结果;二是导致脆弱性的根本原因。部分观点认为是外部扰动和胁迫导致了脆弱性的发生,部分观点认为系统内部结构的不稳定性是脆弱性的根本原因。三是其外在的表现形式,部分学者认为脆弱性是关于暴露度、敏感性和应对能力综合作用的结果,其脆弱性的影响对象是自然系统、人文-社会系统,敏感程度越高经受扰动的影响程度越大,应对能力越强,扰动影响下的恢复力越强(Wisner B et al,2004;周扬等,2014)。

基于以上内涵,脆弱性概念构建逻辑在于:在外部扰动下,暴露在风险区域内的群体都具有脆弱性,但由于群体应对能力的差异性,导致风险对群体的影响力不均衡,一些因自身特征和知识、社会和政治等资源欠缺而对风险应对能力不足的社会群体,风险影响的损失越大,从外部干扰影响中的恢复能力越差。

本研究综合以上内容,将脆弱性定义为暴露于自然或人为因素扰动下的社会系统,因系统自身的敏感性和应对与适应扰动影响能力不足而显现出来的易受损失的状态。它是暴露度、敏感性和适应能力的组合函数,其中,暴露度和敏感性是指系统经受扰动的程度及扰动对系统的影响程度,与脆弱性程度成正比,适应能力是指系统减少损失或从扰动影响中恢复的能力,与脆弱性程度成反比。

2.2 相关研究进展

2.2.1 中国南北过渡带研究进展

对于南北的划分,由来已久,通常意义上是指自然地理上的南北划分,1908年,中国地学会首任会长张相文先生,从自然地理分区的角度出发,在其所著的《新撰地文学》中首次提出"北岭淮水"为我国的"南北分界线",其中"北岭""淮水"分别指我的秦岭和淮河(张相文,2013)。之后又有不少学者从气候界限、地质地貌界限、水文界限和野生动物分界线、植被界限和人文分界线方面对秦岭—淮河一线作为中国南北分界线和亚热带北界展开研究,这些研究对于认识我国自然地理规律和指导农业生产都具有重要的意义。地表上的地带景观是连续的、稳定的,很难找到两边的地理、气候、植被、土壤等自然景观截然不同的一条线,分界线南北差异的形成是通过相当宽的一个带来完成的,这个带便是由南北气候分界线位置而确定的南北过渡带。无论是南北分界线还是南北过渡带都是一个模糊的说法,"南北分界"的划分标准是什么,有怎样的属性,"线"的具体位置在哪里,呈什么样的走向;"过渡带"的范围在哪,有多大的面积,均没有统一的表述。研究分歧产生的原因,除了划界依据的指标具有差别以外,划界的技术方法不同也是一个重要方面。

(1) 南北分界线划定指标

分界线划定的指标有两类:一类是气候指标,由气象台站观测资料计算出来的。据此所绘的等值线,带有某种假定性,是理论的界线。另一类是气候通过其他自然因子表现出来的、间接且有形的地理指标,例如,高程、地质地貌类型、水文条件、土壤类型、植被群落、作物和熟制等。其分布界线可以通过科学考察发现或能用仪器观测得到,是天然的界线。

国际上通用的气候分类便是柯本气候分类法,它以气温和降水为指标,首先以等温线为划定界限的指标,其次在同一气候带内根据降水量的季节分配划分气候类型。已有学者的研究大多是在此分类方法的基础上进行借鉴和改进。

竺可桢以 10 ℃以上积温为 4500 ℃,最冷月平均气温为 2 ℃,无霜期 240 天为亚热带划分指标将我国的亚热带北界划定为接近北纬 34°,即淮河、秦岭、白龙江线直至东经 104°(竺可桢。1958)。江爱良主张将最冷月(1 月)平均气温 0-2 ℃等温线作为划分亚热带北界的指标,将亚热带北界大致确定在秦岭—淮河一线,带内大多降水量在 750~1300 mm 之间(江爱良,1960)。丘宝剑以>10 ℃积温 4500 ℃为划界主导指标,以 1 月 0 ℃等温线、年极端低温平均值-10 ℃为辅助指标,确定了亚热带北界的平均位置;1984 年又以低温平均值-10 ℃、>10 ℃积温 4500 ℃、>10 ℃日数 219 天,进一步确认亚热带北界以沿秦岭分水岭和淮河干流为分界线(丘宝剑,1961)。陈咸吉指出中国东部在秦岭—淮河一线的区域适用于≥10 ℃积温天数为 218 天、1 月 0 ℃等温线、≥10 ℃积温 4500~4700 ℃作为亚热带北界指标(陈咸吉,1982)。沙万英等通过长时间序列≥10 ℃积温的对比,分析了 20 世纪 80 年代以来中国≥10 ℃积温及持续日数的变化幅度,发现我国东部北亚热带和暖温带北移明显(沙万英等,2002)。

部分学者从植被和土壤的角度对中国南北分界线进行了研究。1934 年刘慎谔提出华北植被在秦岭以南已进入南方植物境内,主张以植被分布为南北分界线将南北分界划分在秦岭主脊上。刘胤汉从植物学的角度提出在海拔 800m 等高线的位置,橘树、竹树、柚树等亚热带的指标性植物消失,因此主张将南北分界线划在秦岭南坡 800m 等高线处(刘胤汉(刘胤汉,1980)。马建华分别从土壤物质迁移与积累、土壤腐殖质组成和性质、土壤垂直分异规律论证了伏牛山南坡亚热带北界的大致在海拔 950 m 的位置(马建华,1999,2002,2004)。

热量条件是划分亚热带的主要气候指标,从作物生长的角度出发,日平均气温≥10 ℃是喜温作物生长的起始温度、喜凉作物积极生长的温度。10 ℃以上的年积温可以反映喜温作物的生长期及期间热量状况。已有研究中学者们多以 10 ℃以上积温 4500 ℃等值线为首要指标。随着研究的不断深入,学者们逐渐认识到对于大区域的界线划分而言,地势高差等差异可能影响日均温≥10 ℃积温划分温度带的准确性;而在热量特征基本相似的自然区内,同一界限温度的积温和日数之间存在很好的线性关系，采用日均温≥10 ℃的日数作为指标，能更准确地划分出我国温度条件的地域分异。因此，常用≥10 ℃积温天数替代 10 ℃以上积温 4500 ℃等值线或作为辅助指标来界定南北分界线(卞娟娟等，2013)。

农业界限温度 0 ℃是土壤冻结和解冻的温度，标志着农事活动的开始和终止。农业生产中将入秋以来地面温度第一次和最后一次低于 0 ℃的日期称为初霜日和终霜日，自终霜日到初霜日之间的天数称为无霜期。无霜期的长短决定着作物的生长时间，在南北分界线划分时常用无霜期 240 天作为南北分界的标准(竺可桢，1958；杨勤业，2006)。此外，最冷月(1 月)气温决定着地带性植物的生长与越冬，进行温度带划分时，在青藏高原以外的地区，常采用最冷月(1 月)平均气温 0 ℃等值线作为辅助指标。

除考虑热量资源的差异外，南北的降水差异也应该作物划分南北分界的关键气候因素。800 mm 等降水量线不仅是传统意义上的南北分界线还是北方旱地与南方水田的分界线、水稻小麦种植分界线、湿润地区与半湿润地区的分界线。这些气候要素也被研究者作为传统的南北气候分界指标用于南北气候带的划分。

综合已有的研究发现，造成南北分界线划定指标差异的原因主要有以下几个方面：首先是亚热带定义的差别，研究者专业背景不同，划界目的不同，划界指标选取的侧重点亦不相同。定义的差异导致划界指标选取的差异，南北分界线划分的结果也不一样。其次，亚热带与暖温带之间界线的渐变性给划界指标的统一造成了困难。南北分界的划分首先应该能反映自然界的客观实际、揭露自然界的规律，其次也要照顾到为农业生产服务的目的。从这一认识出发，划分亚热带北界的指标和数值应该能因地制宜地反映其气候特点和相应的自然景观。

(2) 界线及过渡带划定方法

界线划定的方法对于划定的结果影响极大。基于相同的划分指标，采取不同的划定方法产生的界线差异巨大。在 20 世纪 50 年代自然地域系统研究初期，区域界线划分主要取决于学者对地域划分的经验性判断，主要应用了自上而下的方法论，采用专家集成的定性分析方法来划分界线。该时期的综合自然区划主要服务于农、林、牧、水等事业，因此首先从地带性因素入手，考察较难以人力改变的温度和一定限度内可以人力改变的水分条件，再从气候、植被类型、地形地貌和土壤等自然要素的地域差异确定界线，最后寻求较能体现地理相关性的界线指标(黄秉维，1958)。赵松乔先生从土地类型入手，通过发现不同区域的土地类型的共同特征，逐级归类合并，组合成为不同的自然小区，由此产生了自下而上的区划方法(赵松乔，1983)。定性方法受研究者知识背景和研究深入程度的影响较大，虽在大尺度区域划分时具有快速且空间位置基本准确等优势，但在小尺度研究中可能因实际情况复杂干扰专家判断，影响划分结果的准确性，造成区域单元界线划分的分歧。20 世纪 80 年代以来，为增强地域系统划分方案的客观性和可复制性，自然地域系统划分趋于定量研究。划分的指标主要包括反映气候条件、地形地貌、土壤类型、植被特点等多个自然因子(黄秉维,1984)。在此基础上,基于综合地域系统研究视角,表征人文－社会系统中人口、资源、环境状况、社会经济发展水平的指标也被纳入划界指标的范畴(葛全胜等,2003)。如樊杰在划分中国主体功能区时将水资源、土地资源,等9类指标作为划分的定量化指标(樊杰,2015)。

在自然地域系统方法论发展的同时,地理信息系统、遥感技术和全球定位系统等技术的发展,地理科学与多学科的交叉集成均为区划研究提供了强有力的技术支撑和科学基础,区域系统模型如人工神经网络模型(李双成,2003)、小波变换(李双成,2008)等方法被广泛应用于地域系统研究。

全石琳等、吴登茹、程伟民等采用模糊综合评价法分别对河南省境内、陕西省境内和湖南省境内的亚热带北界进行了界定(全石琳等,1984、吴登茹,1984、程伟民等,1988)。李慧珍等采用可拓工程方法对广东省热带北界的位置进行了探讨(李慧珍等,2005)。陈全功等基于GIS分析方法,选取多年平均温度、平均降水量、≥10 ℃年积温等8个评定指标,结合AHP层次分析法和模糊聚类分析,对中国南北分界线进行了模拟和验证(陈全功等,2012)。董玉祥基于空间分异性的综合区划思想,采用地理探测器模型,以气候要素为主导指标,以土壤和作物熟制作为辅助指标,对中国陆地热带北界进行了界定(董玉祥,2017)。史文娇基于气候要素和土地利用的年代际数据,通过水平和垂直方向变动探测方法和界线变迁方向变动探测方法对北方农牧交错带界线变迁进行了定量探测(史文娇,2017)。以上诸如模糊综合评价、层次分析法、基于统计学原理的地理探测器模型和界限变动方向探测等定量方法的应用较好地提高了综合自然区划结果的客观性及数学验证水平,基于"3S"技术对分界指标的空间量化表达在揭示自然地理空间格局特征具有明显的技术优势,解决了综合自然区划中区划指标的空间属性及地理学表达的难题,提高了区划的精度。

上述技术支撑和区域系统模型虽提高了区划界线识别与定位的科学性,但需要改进和提升。GIS空间叠置法虽应用方便且定位精准,但缺乏多尺度的表达,而且数理基础不够,泛化程度较低。区域系统模型分析方法存在研究参数获取困难、计算复杂、精度验证标准不一的问题。数理统计方法虽计算较为简便,但大多分析如降水、气温等某个特定因子的变化情况,少有对气候影响的综合分析,且在指标计算时往往采取的是多年平均值或年代际平均值来反映某一地区降水、热量等的总体格局,却较少考虑因气候等要素的周期不均匀性而造成的气象指标的极端波动情况,不能全面、客观地反映实际情况,精确度有待提高。

（3）南北过渡带的动态研究

作为我国气候带上的一个重要分界线,亚热带北界的位置随冷暖交替而不同,暖期向北推移,冷期又向南推移,在气候因子的变化来回摆动的状态下,很难找到一条稳定的南北分界线来体现南北气候差异。部分学者开始关注南北分界线划分指标在气候变化下的摆动范围,并试图用该范围来确定南北过渡带的范围。通过分析10 ℃界限积温值和积温日数、最暖月气温和最冷月气温的变化幅度,可以发现在气候变化的影响下,北亚热带和暖温带北移明显。1951—1980年,北亚热带北界位于秦岭—淮河一线,但随着气候增暖,1981—2010年中国北亚热带北界东段(秦岭以东地区)已经越过淮河一线,出现了显著北移,总体移动幅度达1个纬度以上,其中北移幅度最大处接近2个纬度(郑景云等,2013;沙万英等,2002)。相比温度带,干湿区界线呈波动式变化特征。1951—1999年中国干湿气候界线呈现出整体移动和东西、南北相异波动的特征(杨建平,2002)。杨柏等采用近百年、1900—1915年、1916—1935年、1936—1955年、1956—1975年、1976—1989年的农业气候带分界指标,分析了北亚热带北界、中亚热带北界及南亚热带北界3个界限不同年代际的动态变化,通过亚热带北界近百年的平均位置分别确定了3个界限的过渡带范围,过渡带区域的大小可以反映出气候分界带的摆动幅度及过渡带地区的农业生产稳定程度。结果表明,北亚热带北界在秦岭、伏牛山以东平原地区的地段是农业气候界限波动范围最大的地段之一,界限的摆动对这一区域的农业生产影响极大(杨柏等,1993)。

2.2.2 脆弱性研究进展

气候变化背景下,全球气温上升将带来海平面上升、居住地被淹没、罕见气象灾害频繁爆发、粮食减产、淡水资源供应不足、动植物灭绝、生物多样性受到威胁等多方面影响,对人类社会的生存、繁荣与稳定带来严峻挑战。《全球风险报告2020》(World Economic Forum,2020)中指出"极端天气"和"气候问题应对失败"分别成为发生可能性和影响力排名的十大风险之首。面临严峻的全球气候变化趋势,如何降低农业、林业、水资源等重点领域和城市、沿海、生态脆弱地区等社会系统脆弱性,形成有效抵御气候变化风险的机制和能力,成为学者们关注的重要科学问题,成为寻求人口、资源和环境可持续发展的重要方式(黄晓军等,2014;李花等,2020)。已有研究表明,国内外学者从气候变化、自然灾害、生态环境、公共健康等多个研究角度展开了脆弱性研究,起初主要关注环境变化等外部扰动下人类社会系统所遭受的不利影响和脆弱程度,随后进一步深入到"哪些群体在外部扰动因素下更容易受到伤害?哪些因素会减少或加剧不利影响?如何增强社会系统抵御风险的?"研究对象也从单一的自然系统脆弱性拓展到以人和社会为中心的耦合系统(Adger W N. et al,2006;Otto I M, et al,2017;杨飞,2019)。脆弱性理论和方法体系研究的不断深入为生态学、地理学中人地相互作用程度、机理和过程等方面的研究提供了重要的理论支撑,成为可持续发展的重要研究范式之一(刘燕华等,2001;王岩等,2013)。

(1)脆弱性分析框架

已有研究中脆弱性的代表性分析框架有压力释放模型(PAR)、地方-风险模型(HOP)、可持续生计框架(DFID)、MOVE框架、BBC框架和人－环境耦合系统分析框架(AHV)等。

①压力和释放模型(PAR)阐明了脆弱性的发生过程和对脆弱群体的作用机理。该模型认为脆弱性根植于社会系统的经济、人口和政治进程中,并经由发生根源、动态压力和不安全条件三个递进过程来形成(Wisner et al,2004)。该模型认为政治、经济系统是脆弱性凸显的根源,强调通过改善系统属性来缓解脆弱性,但未给予人地系统的交互作用关系对于脆弱性的影响足够的重视。

②地方－风险模型(HOP)认为地方脆弱性是生物物理脆弱性和社会脆弱性共同作用的产物,生物物理脆弱性由地理环境特征决定,社会脆弱性由社会环境决定(Cutter et al,2008)。其中,社会环境中群体的社会经历、感知等因素将影响其对风险响应、应对及恢复的能力。该模型侧重从耦合系统角度进行脆弱性评估,综合考虑了地理和社会环境对于脆弱性的决定作用,对于识别脆弱人群,有针对性地提出风险防范的策略意义重大。

③可持续生计框架(DFID)对脆弱性的界定较为宽泛,包括生计和可持续两个核心概念(赵雪雁,2017)。其中生计是生活的手段或方式,是特定环境下人们为了生存和发展而做出的选择,包括生计资本、生计能力和生计策略,生计发展强调主体的发展权力和行动自主,可用来研究其敏感性和应对能力;可持续则强调从压力和冲击中恢复以及保持自然资源本底的能力。该框架以贫困人口为主要研究对象,广泛应用于贫困脆弱性、家庭生计安全等方面的研究。

④MOVE框架整合了包含物理、社会、生态、经济、文化和制度等多维度的脆弱性概念模型,解释脆弱性中暴露度、敏感性和适应能力等核心因素(Birkmann J et al,2013)。该模型认为社会脆弱性是多元化的、动态性的,与脆弱性的客体、要素、社会条件及发生过程密切相关,可通过风险源的干预、降低暴露度、缓解敏感性,提高恢复力与适应能力等手段进行风险管治。MOVE框架强调脆弱性是动态的过程,在应用中应考虑影响脆弱性的地方特征及其社会和环境系统的构成因素与耦合过程。

⑤BBC框架认为强调脆弱性是一个动态过程,其中风险发生前的预警和干预及风险发生后的应对和反馈对于降低脆弱性尤为重要。在风险发生前、发生中和发生后的不同阶段,采取不同的措施提高应对能力,可以有针对性地降低脆弱性,减少损失(Fekete A,2010)。

⑥人－环境耦合系统分析框架(AHV)包括3个维度:耦合系统中的人类活动与自然环境、人类活动和自然环境相互作用过和反馈过程中面临的外部扰动和压力、表征耦合系统脆弱性的暴露度、敏感性和适应能力等(Turner II B L et al,2003)。该框架重点关注连接人与自然环境发生连接的模式、相互作用的过程、相互影响和反馈,认为人－环境耦合系统的相互作用是脆弱性的根源,耦合系统中的人类活动和自然环境条件决定其暴露度和敏感性,并影响其应对机制。该框架还强调了扰动的多重性与多尺度性,突出了对脆弱性的内因机制、地方特性及其跨尺度转移过程的解释,对探讨人－环境相互作用机理具有重要借鉴意义。

（2）脆弱性的主要研究领域

目前学者们关于脆弱性的研究主要涉及气候变化、自然灾害、环境污染、居民健康和公共安全等领域。

①气候变化与脆弱性

气候变化影响了气候环境的稳定性，高温热浪、极端降水等极端气候事件的频率和强度增加，给生态系统、农业生产和人类健康带来巨大的威胁，分析气候变化对社会系统的扰动、评价社会脆弱性有助于探明社会脆弱性的主导因子，理解气候变化下社会脆弱性的发生机制，有助于精准化地制定适应政策（Ho H C et al,2018）。气候变化影响下社会脆弱性研究包括脆弱性的时空特征分析（李畅等,2015）、脆弱群体识别（石钰等,2017）、影响因素分析（Huynh L T M,2018）、适应机制及策略研究（Reid C E et al,2009）、脆弱性的相互作用过程和反馈机制等方面。这些研究推动了气候变化与脆弱性研究理论体系和方法体系的构建，也为不同扰动因子、不同区域的脆弱性研究提供了丰富的案例支撑。

全球气候变暖的事实客观存在，全球的都面临着气候变化风险的胁迫，但由于群体或个体自身特点（年龄、性别、经济状况、所处环境）和可获取资源能力的差异所导致的应对能力的差异，受气候风险的影响程度和恢复力也不同。同时，社会脆弱性具有多尺度效应，相同的风险暴露度下，不同研究尺度识别的脆弱性群体和脆弱性程度也存在差异。当前关注国家和区域层面的社会脆弱性研究较多，关注特殊群体、家庭和个体社会脆弱性的研究较少。

②自然灾害与脆弱性

自然灾害冲击下的脆弱性与脆弱群体的社会经济特征和所处环境密切相关，自然灾害的胁迫程度、影响范围、人口特征、社会经济特征、灾前风险感知、灾中决策应对能力和灾后恢复重建能力都是社会脆弱性研究中关注的重要影响因素（陈启亮等,2016；Hamideh S et al,2018）。

③其他与脆弱性相关研究

此外，脆弱性研究还被用于环境污染防治（Drachler M D et al,2014）、居民健康（Wallace L M K et al,2015）和公共安全等领域（刘泉等,2015），识别环境污染、健康风险和公共安全事件扰动下的脆弱区域和脆弱群体，探明以上几类风险扰动下社会脆弱性的时空分布特征、影响因素和内在形成机制，为科学地制定脆弱性的适应策略和调控路径提供参考。

2.2.3 气象灾害对农业生产扰动研究

（1）极端降水

近几十年中国极端降水强度和频次呈现增加趋势，并给农业生产带来巨大损失，因此，揭示各区域极端降水事件的时空变化特征、成因及影响成为气候变化研究的热点问题（廖要明等,2012;徐新创等,2014;任正果等,2014;李奇虎等,2014;贺振等,2014)就全国范围而言,1961—2010年中国年降水强度总体呈上升趋势,不同等级降水变化趋势差异显著,其中小雨等级降水普遍减少,大雨以上等级降水在20世纪80年代后增加趋势显著,且在未来情景下这种两极分化的趋势仍将持续(贺振等,2014;曾颖婷等,2015)。从不同区域来看,极端降水在华北平原和四川盆地呈显著减少趋势,而在新疆、西北和东南沿海地区呈上升趋势(董旭光等,2014;慈晖等,2014)。综合已有的研究结果发现,大尺度区域的极端降水时空特征和变化趋势具有较高的一致性,并得到一些确定性结论,而中小尺度区域的极端降水的变化则存在明显的时空差异,甚至表现出相反的变化特征。在极端降水对农业生产的影响评估方面,顾西辉等研究发现在中国中部、中西部以及西北部,由极端降水引发的洪涝灾害呈显著上升趋势,即便是易发生旱灾的西北地区也面临着洪涝灾害威胁,西部以及北部地区粮食灾损率和灾损量显著上升(顾西辉等,2016);郁珍艳等定量评估了极端天气对农业总产值的影响并发现极端降水是对农业经济产生负面影响最显著的因子。极端降水发生在农作物不同生育阶段,对于农作物产量的影响也大不相同,部分研究者关注了作物不同生长期的极端降水研究(郁珍艳等,2016)。刘思敏通过安徽淮北平原暴雨指标在作物雨涝敏感期的演变特征,发现淮北平原近20a进入长历时高频次的暴雨期且宽幅化与极值化的雨涝风险不断增加(刘思敏,2017)。王秀兰等分析了东北三省水稻生长季内极端降水天气的时空变化特征,发现大雨和暴雨主要出现在水稻的拔节—孕穗—抽穗—乳熟期;生长季最长连续无雨日数发生在水稻播种—三叶—移栽—返青期和乳熟—成熟期的比例最高(王秀兰等,2020)。菅艺伟研究发现发生在营养生长阶段的降水和极端降水均对水稻产量有正面影响,发生在生殖生长和成熟期的降水和极端降水多与水稻产量呈负相关关系(菅艺伟,2021)。

除极端降水的绝对化指标之外,学者们还将持续性指标作为极端降水的指标开展研究,如连阴雨灾害(李德等,2015;王丹等,2014;孙照渤等,2016;王荣等,2015)。国内学者对连阴雨灾害的研究最初主要侧重于分析连阴雨发生的自然状态,如连阴雨天气的预报估测、成因及时空分布特征等。研究发现,连阴雨的出现时间及强度与大气环流指数及西太平洋副热带高压指数密切相关。变化趋势方面,近50年来中国各地连阴雨日数和频次减少,降水强度增大,总体呈少发但是重发趋势(韩荣青等,2009;杨爱萍,2014;冯建民等,2011;安月改等,2008)。在此基础上,部分学者开始估算连阴雨灾害的灾害损失率,并结合致灾因子对连阴雨灾害的风险进行评价。这些研究认为灾害风险是灾害危险性、暴露性和脆弱性共同作用的结果,从灾害形成机理方面评估了连阴雨天气对作物不同生育期的影响(Zhang Z et al,2013;成林,2012;屈振江等,2017;徐虹等,2017;刘瑞娜等,2016)。评估方法方面,学者们从最初的定性分析,向定量化、模型化发展。在灾害模型构建和评价因子的选择上,从考虑灾害致灾因子危险性、承灾体的敏感性及易损性(成林,2012;屈振江等,2017;徐虹等,2017;刘瑞娜等,2016;李孟刚等,

2017),发展到关注防灾能力及人类对灾害的适应性响应。

(2) 干旱

全球气候的复杂多变已引起世界诸多国家干旱自然灾害频发,未来全球极端气象灾害仍将持续恶化。据统计,气象灾害在我国自然灾害中占比超过70%,其中旱灾造成的损失在50%以上。研究干旱灾害发生规律并采取应对策略缓解灾损已成为当下科学研究的重点。目前,国内外研究和使用的干旱指标已有近百种,代表性的有McKee等提出的标准化降水指数(Standardized Precipitation Index,SPI),该指数仅考虑降水这一因素,由于计算简单并可进行多种尺度干旱的表征,是目前应用较广的干旱指标之一。国内针对农业干旱评估的气象类指标包括降水Z指数、作物水分亏缺指数和综合气象干旱指数等。如苏永秀等基于水分盈亏原理提出的一种干旱指标,在水稻和甘蔗方面取得了较好应用(苏永秀等,2006)。马晓群等在相对湿润指数的基础上添加了前期干旱的累积影响,构建出新的干旱指标,并利用土壤墒情数据检验其对江淮地区农业干旱的监测效果,结果表明具有很强的适用性(马晓群等,2008)。张强等提出了综合气象干旱指数(Comprehensive Meteorological Drought Index,CI),这一指数同时结合了相对湿润指数和SPI,目前已广泛应用于气象部门(张强等,2018)。Vicente-Serrano等提出的标准降水蒸散指数(Standardized Precipitation Evapotranspiration Index,SPEI)受到国内外学者的广泛认可,在干旱评估、水资源管理等方面具有较高的科学性和实用性,该指数吸收了帕尔默干旱指数(Palmer Drought Severity Index,PDSI)和SPI表征干旱的优势,具有空间一致性、多时间尺度且计算简单等多重优点(Vicente-Serrano等,2010)。

在众多干旱指标提出的基础上,干旱规律研究一直是国内外热点问题。李伟光等利用SPEI评价了中国1951—2015年干旱的时空分布规律,发现我国四季均有干旱情况发生,且西部、华北和东北地区旱情较为严重(李伟光等,2012);吴霞等基于SPI构建了夏玉米干旱指数,进而分析了1961—2015年黄淮海平原夏玉米在生长季内的干旱情况,结果表明,黄淮海地区夏玉米在生长阶段的干旱较严重(吴霞等,2019)。

2.2.4 研究评述

(1) 纵观已有研究,学者们从不同角度以不同指标论述亚热带北界和南北过渡带范围进行了界定。研究焦点主要集中在以下几个方面:第一,中国南北分界线的具体位置。关于亚热带北界和南北分界的区划研究中,多数学者主张将秦岭—淮河一带作为中国南北分界线。但南北分界线的具体位置、走向尚未形成统一的认识。随着对中国南北分界研究的深入,科学家们认识到秦岭—淮河处在亚热带和暖温带的过渡地区,自然气候条件复杂,自然界线具有渐变性,它不是非此即彼的线,而是一条宽窄不一的带,且在气候变化下随时间而迁移变化。南北分界线和过渡带带表征的既不是单一气候要素的动态变化,也不是几个气候因子变动边界的简单相加，而是不同因子相互作用的结果。如何对中国南北过渡带进行地理表达和定量探测成为过渡带研究的技术难点，也是过渡带研究的热点。第二，划界气候指标选取和综合计算的问题。上述研究通过"自上而下"或"自下而上"的方法，采用单一气候要素或多气候要素综合计算气候分界指标，用GIS空间叠置的方法或区域系统模型来进行区划。在南北分界和南北过渡带划定方面，选取界线划定指标并进行计算时往往采取的是多年平均值或年代际平均值来反映某一地区降水、热量等的总体格局，却较少考虑因气候等要素的周期不均匀性而造成的气象指标的极端波动情况，不能全面、客观地反映实际情况。运用各气候指标逐年的动态变化数据，可以更精准地刻画南北过渡带范围的摆动界线，大大提高划界的精度。

（2）随着脆弱性研究热度的不断上升，学术界对脆弱性概念和内涵的研究逐渐深入，虽尚未达成共识，但研究结果趋于集中，脆弱性的概念和内涵日趋明晰。脆弱性研究尚未形成统一的脆弱性分析框架，学者们从各自的研究角度出发，构建的脆弱性分析框架虽各有侧重，但都涵盖了暴露度、敏感性和适应能力等三个维度。研究尺度主要集中在国家和区域等宏观和中观层面，较少涉及对群体、家庭和个体等微观层面的脆弱性研究。研究领域从关注气候变化和自然灾害等自然因素扰动下的脆弱性评价逐渐拓展到对环境污染、居民健康和公共安全等人文因素导致的脆弱性研究；研究主题主要围绕脆弱性评价、时空格局分析及影响因素识别，对脆弱性在时空上的动态演化过程及内在形成机制、脆弱性适应策略及调控路径等方面较少涉及。

未来的脆弱性研究应在建立统一脆弱性概念体系的基础上，明确脆弱性的多重压力和多尺度效应，整合脆弱性的影响因素、动态演化过程、形成机制和适应性管理等内容形成专门的脆弱性理论模型和分析框架。重点剖析影响脆弱性的系统各种外部各种扰动因素和系统内部人口、社会、经济、文化、制度等关键人文驱动因素，充分考虑因区位因素、基底条件和风险胁迫等差异而导致的地域复杂性和时空动态性，对比不同时空尺度上的脆弱性动态演化规律和空间格局特征，系统揭示脆弱性的发生过程和发生机理，进一步深化并完善脆弱性的理论研究体系，同时在脆弱性研究中重视适应模式的权衡与选择、障碍因素识别及适应效果评价，积极探索因地制宜的区域发展策略。

此外，针对社会系统的复杂性和风险的不确定的问题，亟需开展脆弱性未来动态趋势的预测研究和动态监测与预警研究，结合脆弱性的时空变化趋势，预测未来不同情景下自然环境和社会结构变化特征，识别未来的脆弱区域和脆弱群体，建立脆弱性预警机制，不仅能对当前的脆弱区域和群体实行更精准的靶向适应策略，还能够防患于未然，重点关注未来不同情景下社会脆弱性可能上升的区域和群体，及时采取有针对性的预防、应对和调控策略。

（3）已有的关于极端降水对农业生产扰动的研究，多数是通过定量化的方法分析极端降水对农业生产的风险分析或证实了极端降水对作物产量及农业总产值的负面影响，但对不同等级的极端降水对农业生产的影响涉及较少,且同一作物不同生长阶段受不同等级极端降水的影响程度各不相同,有必要对比分析不同等级及作物不同生育期极端降水变化的对应关系,更精准地探究极端降水对农业生产的影响。综合以上干旱方面的研究成果发现,在干旱事件研究的时间尺度上,从单一时间尺度开展的研究较多,如从月尺度或季节尺度等时间尺度统计干旱的发生,而采用多时间尺度研究干旱发生规律的研究较少。在进行干旱脆弱性评价时,仅考虑自然气候扰动的脆弱性,用干旱指标来反映某一地区的干旱特征,缺少综合多尺度、多因素、多指标的全面分析。气候变化的事实客观存在,而非气候因子的差异和多方面发展不平衡造成了气候变化风险的不确定性。将区域自然的气候扰动与社会经济数据融合,不仅能直观地展现区域内灾害的空间分布特征,更能精细地识别灾害扰动下的脆弱性地域单元,以求更精准地防范风险。

2.3 理论基础

2.3.1 区域分异理论

自然地理学是以自然地理环境为研究对象,研究自然地理环境中的各组成要素之间相互联系,阐明自然地理环境的整体、各组成要素及其相互间的结构功能、物质迁移、能量转换、动态演变和地域分异规律的科学(郑度,1999)。区域分异理论是地理学的经典理论之一,从地域的角度研究自然地域综合体,揭示地域分异规律,是地理学研究的重要内容,也是认识自然地理环境特征的重要途径。

区域分异是指地表各级自然综合体及其组成要素在空间上按照一定方向保持特征的相对一致性,而在另一方向表现出明显的差异和有规律的变化(刘志强,2017)。国外的区域分异研究起源于19世纪初,德国地理学家洪堡首创全球等温线图,揭示了气候与纬度、海拔的关系及气候对植被分布的影响,发现了植被的水平和垂直分异规律。随后,霍迈尔提出了4级区域名称即大区、区、地区和小区,赋予了自然区域以等级意义,开创了现代自然地域划分研究。1898年美国梅里安划分了美国生命带和农作物带,1905年英国生态学家赫伯森首次对全球主要自然区域进行了划分并开始注意到"主要自然区域"的综合特征与人类活动的影响。至此,各国科学家以植被为主体,以气候为主导分界指标,确立了一系列划分自然生态系统的气候指标体系(杨勤业,2002)。中国的地理区域划分虽早在公元前5世纪的《尚书·禹贡》中就有所体现,但现代区域划分起步较晚。1956年中国科学院成立自然区划工作委员会,标志着中国气候、植被等各类区划及综合区划工作的全面开始,并完成了《中国综合自然区划(初稿)》的制定,初步形成了自然区划的理论体系和相应的方法。在众多中国地理学家提出的全国自然区域方案中,讨论最多的当数竺可桢1957年发表的《中国的亚热带》中关于中国亚热带的划分。为解决中国热带和温带之间的过渡性而导致的划界困难,在其间划分出亚热带来反映热带向温带的过渡特征(郑度,1999)。

本研究的中国南北过渡带划分是在地理学前辈们的中国综合自然区划工作的基础上开展的。首先,从界线划分指标的选取上,把区域分异规律作为地理界线划分中的最基本理论依据,按照区划的主要原则来选取划界指标。区划原则中的地带性因素为第一性因素,在界线划分时先考察较难被人力改变的温度,然后考察在一定条件下、一定限度内可以被人力改变的水分状况;在拟定温度带和水分状况地区的界线时,一般先着眼由温度及水分状况的地域差异所导致的其他现象的地域差异,然后选取界线,再寻求较能体现地理相关性的界线指标(杨勤业,2002)。在本研究中的划界指标选取时,从服务中国南北过渡带农业生产的目的出发,借鉴已有研究,选取0 ℃和10 ℃两种重要的农业界限温度为划分标准,选取1月0 ℃等温线、日均温≥10 ℃积温4500 ℃和日均温≥10 ℃日数219天等值线来作为中国温度条件的地域分异(竺可桢,1958;黄秉维,1959;Oliver J E,1991;吴绍洪等,2002;郑景云,2013;郑度等,2008;戴声佩等,2014)。在水分指标上,选择800 mm等降水量线和更能体现水分的输入、分配、组合与转换规律的干燥度指数作为划界指标(吴绍洪等,2002;王利平,2016;苑全治,2017)。

其次,在中国南北过渡带的地理空间表达上,所采用的地理计算方法的思路也是源于区域分异理论。如在对800 mm等降水量线的过渡带进行可视化表达时,将全国2400多个气象站点的年降水量进行空间插值,用历年全国降水空间插值后的栅格数据减去800,栅格计算结果中等于0的栅格就是与800 mm年降水量特征保持一致的区域,大于0的区域和小于0的区域均为存在差异的区域,求取多年计算结果的平均值,再将平均值的绝对值进行可视化表达,就直观展现了800 mm等降水量线的过渡带。

第三,本研究中的中国南北过渡带的划分是建立在学者们对南北过渡带区域分异规律认识逐渐深入的基础上,是对前人研究成果的深化和拓展。目前,科学家们指出中国南北分界应处于亚热带气候的显著特征隐退而暖温带显著特征显现的过渡地段,不仅能够把同一等级的内部相对一致的地域单元彼此分隔开来,还能表现出其外部的差异性(吴绍洪等,2002),这是对南北过渡带区域分异特征认识不断深化的结果。本研究的科学问题正是在前人研究成果的启发下提出的,研究方法和技术路线也是在已有的南北过渡带研究成果的基础上展开的。

2.3.2 人地耦合系统脆弱性理论

人地耦合系统是指人类活动与自然环境通过相互作用和复杂的反馈作用而在彼此影响下形成的整合系统(田亚平,2013)。与人地系统相比,人地耦合系统的概念重点关注人类与自然生态系统的连接方式和连接过程、相互作用与反馈机制,突出系统内部多尺度和多维度的耦合性,具有综合性、复杂性和非线性的特征。脆弱性是指系统容易受到气候变化造成的不良后果影响或者无法应对其不良影响的程度,是系统外在气候变化的特征、强度和速率,敏感性和适应性的函数(IPCC,2014)。脆弱性可以从暴露度、敏感性和适应性三个维度进行评价。暴露度和敏感性的增加对系统脆弱性起正向作用,适应能力的增加对系统脆弱性起反向作用。

人地耦合系统是一个复杂的巨系统,开展相关研究时要注意研究层次和研究尺度,构建人地耦合系统脆弱性分析框架时应综合考虑脆弱性研究对象层次结构和外部扰动的多尺度性。脆弱性研究可以分为宏观尺度、中观尺度和微观尺度,涉及全球、不同国家、不同区域、不同群体及不同个体,不同尺度下的脆弱性研究对象对外部扰动的敏感性不同,脆弱性的表现亦不相同。

在南北过渡带农业生产脆弱性研究中,人地耦合系统的复杂性不仅表现在自然系统和人类系统相互作用、相互反馈所导致的复杂性,还表现在自然系统内部子系统和人类子系统的变化所导致的复杂性。首先,人类活动引起了大气、海洋和陆地的变暖,全球变暖导致极端降水和干旱等极端气候事件频发,影响了人类生产和生活;人类为了实现可持续发展,采取了修复和调控政策来减缓和适应气候变化,以降低气候变化带来的风险。其次,历史时期的南北过渡带将在未来发生变化,南北过渡带的范围、区域农业生产的气候条件也将发生变化,若南北过渡带的农业生产对气候变化的感知和适应能力同步变化,将会降低南北过渡带农业生产的脆弱性,若南北过渡带的动态变化与农业生产的适应能力存在空间上的不匹配,将会增加南北过渡带农业生产的脆弱性。

对中国南北过渡带而言,自然灾害扰动下农业生产的脆弱性并非普遍存在,只有特定自然灾害扰动施加在特定的敏感区域和群体才会呈现出脆弱性。在研究自然气候影响下农业生产的脆弱性时,不仅是对研究区域脆弱性现状的评价,更要考虑在气候变化动态演化的过程中,脆弱性随之发生的改变。在中国南北过渡带农业生产的脆弱性研究中,基于历史观测数据划分的南北过渡带在未来RCPs情景下其边界和范围都会发生变化,变化范围内气候的平均状态和极端状态也会发生变化,进而影响区域内的农业生产。在不考虑人文-社会系统因素影响的情况下,农业生产的脆弱区域较容易识别,是各气候指标胁迫效应的叠加计算。但是由于气候变化适应技术和措施在减少脆弱性方面发挥了重要作用,且适应效果具有明显的局部和区域效应,当综合考虑人地耦合系统的相互作用后,农业生产脆弱性就因灾害胁迫程度、暴露度、敏感性和适应性的差异发生组合变化,影响了自然扰动状态下的脆弱区识别结果。此外,农业生产的适应行为受各地自然地理环境的影响较大,假定处于气候稳定区和气候敏感区的农业适应行为存在差异,在未来情景下,当气候稳定区变为气候敏感区,而区域内的农业生产决策和适应仍停留在传统模式,将会导致气候变化应对和适应的滞后效应,加剧该区域的脆弱性。因此,在脆弱性研究方面要重点关注动态变化下典型脆弱区的识别,以精准地提出应对和适应策略降低脆弱性。

第3章 气候变化下我国南北过渡带地域范围的表达及定量探测

气候变化下中国南北过渡带的动态变化及地域范围探测是识别农业生产敏感区、研究农业适应行为的基础。前人基于"自上而下"或"自下而上"的方法,采用不同的划界指标对中国南北过渡带的范围进行了探索,但对气候变化下南北过渡带范围的地理表达及其地域范围的定量探测较少涉及。本章首先对中国南北过渡带进行地理表达,验证了中国南北分界是一条宽窄不一的过渡带,然后统计分析了1951—2018年中国南北过渡带的动态变化,最后确定了中国南北过渡带的范围与边界。所识别的南北过渡带气候稳定区和气候敏感区可为中国南北过渡带农业生产适应气候变化提供科学依据。

3.1 研究方法

3.1.1 南北过渡带气候分界指标的选取

已有气候分界线划定的指标有两类:一类是由气象台站观测资料计算出来的气候指标。另一类是气候通过其他自然因子表现出来的、间接的、有形的地理指标。例如通过考察或仪器观测得到的地貌类型、海拔高度、水文状况、土壤种类、植被群落、作物和熟制等(丘宝剑,1993;张学忠等,1979;马建华,2004;陈婕等,2018)。在基于气候要素的界定方面,学者们主要考虑从人力不能大规模改变的温度指标和水分指标中遴选划界指标(卞娟娟,2013;郑景云,2013)。温度指标中,0 ℃和10 ℃是重要的农业界限温度,0 ℃标志着农事活动的开始或终止,最冷月(1月)平均气温与作物生长、产量与品质关系密切,因此1月0 ℃均温常被作为划界指标。日均温≥10 ℃是喜凉作物迅速生长和喜温作物开始播种的热量条件,日均温≥10 ℃积温是生长期内总热量,为常见的划界指标(竺可桢,1958;黄秉维,1959;Oliver J E,1991)。随着研究的深入,学者们发现在采用日平均气温稳定≥10 ℃的日数替代10 ℃以上积温4500 ℃等值线能更准确地刻画出中国温度条件的地域分异,因此主张以日均温≥10 ℃的持续日数作为划界指标,以日均温≥10 ℃积温为参考指标(吴绍洪等,2002;郑景云,2013;郑度等,2008;戴声佩等,2014)。水分指标中,除800 mm等降水量线外,表征干湿状况的干燥度指数因更能体现水分的输入、分配、组合与转换规律而被纳入到划界指标中(吴绍洪等,2002;王利平,2016;苑全治,2017)。本研究以服务农业生产为目的,综合了前人的研究,选取了传统研究中与秦岭—淮河一线大致重合的年800 mm等降水量、最冷月(1月)0 ℃等温线和亚热带划界的常用指标日均温≥10 ℃积温4500 ℃等值线、日均温≥10 ℃日数219天、干燥度指数0.5作为划界指标,先用各指标年际及年代际变化规律来对比各指标的稳定程度,再对指标进行取舍和集成(表3-1)。

表3-1 南北过渡带气候分界指标

气候指标	地理指标	本研究选取指标
1月0 ℃均温	地貌类型	800 mm等降水量线
日均温≥10 ℃积温	海拔高度	最冷月(1月)0 ℃等温线
日均温≥10 ℃的日数	水文状况 土壤种类	日均温≥10 ℃积温4500 ℃等值线
年降水量	植被群落	日均温≥10 ℃日数219天
干燥度指数	作物和熟制	干燥度指数0.5

3.1.2 南北过渡带划分方法

受数据、资料和技术条件的限制,早期的南北分界线及南北过渡带的研究多以定性、专家集成方法为主(竺可桢,1958;黄秉维,1959;江爱良,1960)。随着20世纪70年代计量地理学的兴起及90年代中期后"3S"技术的发展,界线划定的方法逐渐趋于定量化和综合化(吴登茹,1985;李双成,2008;董玉祥,20175;史文娇,2017;Jayson-Quashigah P,2013)。相比传统的叠置法、地理相关分析法,应用聚类分析、模糊综合评价等定量方法虽较好地提高了界线划分结果的客观性和数学验证水平,但却存在不同区域参数获取困难、计算复杂、精度验证标准不一致的问题。数理统计方法虽计算较简便,但大多选取气象指标的多年平均值来计算和分析,往往会遗漏气象指标极端年份的变动状况,不能全面、客观地反映实际情况。本研究借鉴统计学原理中的均值-标准差法,利用1951—2018年的逐年各气候指标等值线的均值和不同标准差倍数的组合来确定南北分界线,从而实现南北过渡带范围的有效界定。标准差反映了各气候因子相对于平均水平的偏离程度,用均值和标准差能反映不同年份各气候因子的变异。

(1) 南北过渡带范围的地理表达

关于南北分界的研究中虽多次提到分界线南北的差异是通过一条相当宽的带来完成的,但是这个带的位置在哪,范围有多大,并没有统一认识。为了验证南北过渡带的存在,本研究首先通过ArcGIS10.2中的栅格计算和可视化对南北过渡带进行直观展现,具体步骤如下:

①指标计算。利用SQL server数据库对过去68年(1951—2018)每年的逐日观测数据进行处理,其中年降水量、1月平均气温、日均温≥10 ℃积温、日均温≥10 ℃日数通过统计计算

直接得到,干燥度指数由年降水量和潜在蒸散量计算得到(杨建平等,2002),如公式(3-1)所示:

$$D = \frac{P}{ET_0} \tag{3-1}$$

式中 D 为干燥度指数,ET_0 为潜在蒸散量(mm),采用 FAO 推荐的 Penman-Monteith 公式计算(苑全治等,2017),P 为降水量(mm)。

②地理表达。充分考虑各气候指标的特征,采用普通克里金对各气候指标插值,在精度验证后得到各气候指标 68 年的空间分布图。利用栅格计算器将各气象要素逐年插值面 x_i 分别减去各气象要素的分界值(800 mm、0 ℃、4500 ℃、219 天、0.5)得到各栅格面 y_i 如公式(3-2)所示,求 68 年均值 z_i 的绝对值 p_i 如公式(3-3)所示,将 5 个气候指标的绝对值栅格面 p_i 可视化如公式 3-4 所示。

$$x_i - 800 = y_i \tag{3-2}$$

$$\frac{1}{68}\sum_{i=1}^{68} y_i = z_i \tag{3-3}$$

$$|z_i| = p_i \tag{3-4}$$

(2)南北过渡带的确定

从 68 年来各气候指标的空间分布图中分别绘制历年 800 mm 等降水量线、1 月 0 ℃ 等温线、日均温≥10 ℃ 积温 4500 ℃ 等值线、日均温≥10 ℃ 219 天等值线和干燥度指数 0.5 等值线。为了具有可比性,绘制的等值线均删除较短的弧段,仅保留完全连接的最长弧段,分别绘制了各气候指标 68 年的等值线。绘制 5 km×5 km 的渔网,删除水平渔网线,将垂直渔网线与各气候指标 68 年的等值线相交并求取交点。提取同一条垂直渔网线上交点的经纬度,并求得纬度值的均值,将所有垂直渔网线上的经度和纬度的均值生成点,将点集转为线,该线即各气候指标 68 年变动的均值线 μ。

根据各气候指标均值线 μ 求 μ 的不同倍数标准差(std),即 μ、$\mu\pm1std$、$\mu\pm2std$、$\mu\pm3std$ 为分割线,将各气候指标的摆动范围划分 6 个带状区域,并对每个区域进行赋值,将 $\mu\pm1std$(标准差)范围赋值为 1,$\mu\pm2std$(标准差)范围赋值为 2,$\mu\pm3std$(标准差)范围赋值为 3。将赋值后的各图层叠加计算,采用自然间断点分类得到南北过渡带稳定区、敏感区和异常区的范围。

3.2 数据来源与处理

本研究所采用的 1951—2018 年 2400 多个国家气象站点的逐日气温、降水、蒸散量等气象数据来源于中国科学院资源环境科学数据中心(http://www.resdc.cn/data.aspx)。国家气象站点数量由1951年的182个增加到2018年的2421个,不同年份气象要素的观测值存在缺失,为了保证数据的连续性和完整性,根据气候因子的计算需要对缺测的数据进行剔除和插补后进行计算。如在计算年降水量时剔除1年中连续缺测超过7天的气象站点,对1年中间隔缺测累计不超过30天的站点进行插补。计算1月0℃均温时将1月气温数据完整的站点都纳入计算范围。

采用普通克里金插值对划界气候要素进行空间插值,选取预测误差均值和标准均方根预测误差对插值精度进行交叉验证,若预测误差均值和标准均方根预测误差分别接近0和1,说明模型较优,插值效果较好(汤国安等,2012)。插值效果的精度与站点分布密度相关,站点分布密度增大,插值精度将会提高。本研究用气象观测站最少的年份1951年来进行插值精度的交叉验证。从指标间精度的差异看,日均温≥10℃日数的预测误差均值和标准均方根预测误差均值最接近0和1,插值精度最高,其次是日均温≥10℃积温、年降水量和1月0℃均温,干燥度指数的精度最低,以上交叉验证结果表明各气候要素的点数据具有较好的可靠性。

表3-2 划界气候要素插值结果的交叉检验精度表

气候要素	检验标准	1951年
1月0℃均温	预测误差	−0.0032
	标准均方根预测误差	1.1048
日均温≥10℃积温	预测误差	−0.0004
	标准均方根预测误差	0.9679
日均温≥10℃日数	预测误差	−0.0016
	标准均方根预测误差	0.9809
年降水量	预测误差	−0.0298
	标准均方根预测误差	1.0268
干燥度指数	预测误差	−0.0026
	标准均方根预测误差	0.8675

3.3 南北过渡带范围的地理表达

采用上述的南北过渡带范围的地理表达方法,将以1951—2018年的中国气候南北过渡带划界气候指标800 mm等降水量线、1月0℃等温线、日均温≥10℃积温4500℃等值线、日均温≥10℃日数等值线和干燥度指数0.5等值线为标准所划分的过渡带范围进行可视化表达。68年间,以各气候指标划分的南北分界线不断变动,其所形成的区域可以被认定为各气候指标的南北过渡带范围;此范围往南或往北的区域则是超过或达不到各划界指标的区域,不属于中国气候南北过渡带的范围。由此可以证明南北分界不是通过一条非此即彼的线,而是通过一条宽窄不一的带来完成。具体表现为：

（1）800 mm等降水量线变动范围的中心线自东向西大致穿过山东、江苏两省交界处、安徽北部、河南中南部、陕西南部、四川西北部和西藏西南部，1月0 ℃等温线的中心线与800 mm等降水量线中心线的范围和走向大致相同，与秦岭—淮河一线基本一致。日均温≥10 ℃积温4500 ℃过渡带中心线自东向西大致穿过山东、河北、河南与山西两省交界处、陕西南部、四川中部、贵州西部和云南北部。与日均温≥10 ℃积温4500 ℃相比，日均温≥10 ℃219天过渡带中心线的东段和西段更偏南，中段与其基本一致。干燥度指数0.5的过渡带自东向西依次经过山东东南部、河南中部、陕西南部、四川北部，随后向南延伸至云南的东南部，最后又向西北延伸至西藏西南部。

（2）就过渡带范围的边界来看，过渡带北界的变动范围由北至南排序依次为日均温≥10 ℃积温4500 ℃、日均温≥10 ℃219天等值线、干燥度指数0.5等值线、800 mm等降水量线和1月0 ℃等温线。其中日均温≥10 ℃积温4500 ℃和≥10 ℃219天等值线过渡带东段最北已到达北京、天津，西段最北到达四川中部和云南北部。1月0 ℃等温线过渡带东段最北到达河北南部，西段最北到达西藏南部。800 mm等降水量线和干燥度指数0.5等值线过渡带东段最北到达山东东北部，西段最北到达西藏东南部。过渡带南界的变动范围由南至北排序依次为1月0 ℃等温线、日均温≥10 ℃积温4500 ℃等值线、日均温≥10 ℃219天等值线、800 mm等降水量线和干燥度指数0.5等值线，1月0 ℃等温线的变动范围东段最南已覆盖江苏全境，西段最南到达四川中部。日均温≥10 ℃积温4500 ℃和日均温≥10 ℃219天东段最南端到达江苏南部，西段最南到达贵州西北部和四川南部。800 mm等降水量线和干燥度指数0.5等值线东段最南到达江苏和安徽北部，西段最南到达云南东北部。

（3）就气候变化的稳定性而言，各气象要素的大致变动范围西南段较东北段更为稳定，与秦岭在地形上形成的巨大的屏障关系密切。1月0 ℃等温线、800 mm等降水量线和干燥度指数0.5等值线较日均温≥10 ℃积温4500 ℃等值线和日均温≥10 ℃219天等值线更为稳定，积温及积温日数等值线的中心线的东段已越过秦岭—淮河一线，这是因为随着全球气候变暖，我国各地气温普遍上升且极端高温的异常天气频繁出现，造成年积温的大幅上升。此外，东段的淮河一线地势坦荡，冬夏气流畅通无阻，便形成了日均温≥10 ℃积温4500 ℃等值线和日均温≥10 ℃219天等值线向北摆动幅度较大的特征。

3.4 南北过渡带范围的定量探测

3.4.1 划界气象指标等值线位置的年际变化

将1951—2018年各划界气象指标的等值线叠加，可以对比同一划界指标68年的变动情况。对比发现,年800 mm等降水量线、1月0℃等温线和干燥度指数0.5等值线的摆动范围比较大。其中,年800 mm等降水量线和干燥度指数0.5等值线北移幅度最大的年份是1964年,极端最北界的位置已越过北京和天津;南移幅度最大的年份是1978年,极端最南界的位置自西向东依次穿过湖北东南部、安徽南部和江苏南部。1月0℃等温线北移幅度最大的年份是2002年,极端最北界的位置达到河北中部;南移幅度最大的年份是2011年,极端最南界的位置到达安徽、江西两省的交界处。日均温≥10℃积温4500℃和日均温≥10℃219天等值线的摆动范围相对较小,两个气象指标等值线北移幅度最大的年份均为2014年,极端最北界的位置达到北京、天津;南移幅度最大的年份均为1976年,极端最南界的位置达到江苏北部和河南中部。其余大部分年份各气候要素的变动都较为集中。

3.4.2 划界气象指标等值线位置的年代际变化

1951—2018年中国800 mm等降水量线、1月0℃等温线、日均温≥10℃积温4500℃等值线、日均温≥10℃219天等值线和干燥度指数0.5等值线的均值线东段由南至北依次为1月0℃等温线、800 mm等降水量线、干燥度指数0.5等值线、日均温≥10℃219天等值线和日均温≥10℃积温4500℃等值线,西段由南至北的顺序与东段相反,表明日均温≥10℃积温4500℃和日均温≥10℃日数是68年间变化幅度最大的气候要素,其余3个气候指标在68年内较为稳定。

800 mm降水等值线在1950s—1990s间逐渐南移,在2000s又呈现出北移的趋势。其中800 mm等值线东段在1950s和1960s的北部极端位置达到北纬36°,到1990s南移到北纬34°,40年间移动距离达2个纬度。到2000s该等值线北移速度增加,仅10年又北移至北纬36°。800 mm等值线的中段在68年间也经历了先南后北的变化过程,变化幅度相对较小,中段同一经度上北部最极端位置未超过北纬34°,南部最极端位置在北纬33°附近,移动近1个纬距。800 mm等值线的西段总体呈现出逐渐南移的趋势,同一经度上南移幅度最大接近2个纬距。干燥度指数0.5等值线东段在1950s—1990s间有较小幅度的南移,1990s后大幅度向北移动,同一经度上移动接近2个纬距。干燥度指数0.5等值线西段在四川境内变动范围最大,1990s至2000s北移超过了1个纬距,68年间同一经度上最北和最南位置相距4个纬距。1月0℃等温线的东段在68年间呈现逐渐北移的趋势,最南和最北的摆动宽度在2个纬距之间,中段和西段相对稳定,摆动宽度在0.5个纬距左右。日均温≥10℃积温4500℃等值线和日均温≥10℃219天等值线随年代际呈现逐渐北移的趋势最显著。日均温≥10℃积温4500℃等值线东段在沿海一带变化较小,在河北和山东境内向北移动幅度较大,同一经度上最南和最北最大的摆动宽度达4个纬距,中段在1950s—1990s间的摆动宽度在0.5个纬距左右,到2000s北移幅度达到1个纬距,西段的摆动幅度不大,较为稳定。日均温≥10℃219天等值线东段最大摆动宽度接近 4 个纬距,1960s—1990s 间的变化不大,但仅 1990s—2000s 的 10 年间北移幅度达 2 个纬距,中段的最南和最北摆动宽度未超过 2 个纬距,西段的摆动宽度在 0.5 个纬距左右。

从各气候指标 68 年及年代际变化的稳定性来看,800 mm 等降水量线、1 月 0 ℃等温线和干燥度指数 0.5 等值线比日均温≥10 ℃积温 4500 ℃和日均温≥10 ℃219 天更为稳定,日均温≥10 ℃219 天比日均温≥10 ℃积温 4500 ℃更为稳定,因此剔除日均温≥10 ℃积温 4500 ℃这一划界指标,保留其余 4 个气象指标进行南北过渡带的综合计算。

3.4.3 南北过渡带范围的确定

根据 1951—2018 年南北过渡带各分界指标的均值线 μ 分别求取各自的 μ±1std(标准差)、μ±2std(标准差)、μ±3std(标准差)等值线,相邻两条等值线所围成的闭合范围就是各气候指标的过渡带范围。由 μ±1std(标准差)的等值线围合的范围是南北过渡带内部气候特征相对一致且较稳定的区域,以此区域为中心,这种一致性向南北两侧逐渐隐退,直至呈现出显著的差异性。68 年间南北过渡带划界线位置总体均呈现出东段变动剧烈,西段相对稳定的特征。800 mm 等降水量线的稳定区域主要集中在山东和河南的中南部、安徽和江苏的北部、陕西和甘肃的南部以及四川中部地区。1 月 0 ℃等温线的稳定区域集中在山东南部、河南中部、安徽和江苏北部、陕西南部和四川中部,呈现出东宽西窄的特征。日均温≥10 ℃日数 219 天等值线的稳定区域集中在山东西南部、河南西北部、河北和陕西南部、四川中北部地区。受降水的影响,干燥度指数 0.5 等值线稳定区域的走向与 800 mm 等降水量线大致相当,但其北界更偏北、南界更偏南,覆盖范围更广。

将南北两侧各划界气候指标的过渡带范围依次赋值为 1、2、3,通过栅格计算将赋值后的 800 mm 等降水量线、1 月 0 ℃等温线、日均温≥10 ℃日数 219 天等值线和干燥度指数 0.5 等值线 4 个指标进行叠加,得到数值为 4~12 的南北过渡带范围,采用自然间断点分类,将南北过渡带划分为气候变化稳定区、气候变化敏感区和气候变化异常区 3 个等级。利用 ArcGIS 分区统计得到中国南北过渡带的地域范围。所确定的中国南北过渡带的极端最北界自西向东依次穿过礼县、耀州区、韩城、安泽、涉县、静海区;其极端最南界自西向东依次穿过北川、宁强、西乡、房县、淅川、罗山、商城、定远、临安区。此范围内共提取了 637 个县域,其中位于南北过渡带气候变化稳定区的县域 256 个,位于气候变化敏感区的县域 187 个。

3.5 本章小结

本研究以 1951—2018 年的 800 mm 等降水量线、1 月 0 ℃均温线、日均温≥10 ℃积温

4500 ℃、日均温≥10 ℃日数219天和干燥度指数0.5为中国南北过渡带的划界指标,运用ArcGIS的栅格计算对中国南北过渡带进行地理表达,借鉴统计学中均值-标准差的方法,探测了中国南北过渡带的边界与范围。得出如下结论:

(1) 对中国南北过渡带的地理表达直观展现了中国的南北气候分界是通过一条宽窄不一的过渡带完成的。1951—2018年间各划界气象指标的等值线位置随冷暖交替而呈现不同幅度的摆动,冷期向南推进,暖期又向北推进,总体上西南段的变动相对稳定,东北段的变动较为剧烈。

(2) 根据1951—2018年南北过渡带各划界指标的等值线,借鉴统计学中均值-标准差的方法得到各气候指标的过渡带范围。其中,800 mm等降水量线的稳定区域主要集中在山东和河南的中南部、安徽和江苏的北部、陕西和甘肃的南部以及四川中部地区。1月0 ℃等温线的稳定区域集中在山东南部、河南中部、安徽和江苏北部、陕西南部和四川中部,呈现出东宽西窄的特征。日均温≥10 ℃日数219天等值线的稳定区域集中在山东西南部、河南西北部、河北和陕西南部、四川中北部地区。受降水的影响,干燥度指数0.5等值线稳定区域的走向与800 mm等降水量线大致相当,但其北界更偏北、南界更偏南,覆盖范围更广。

(3) 所确定的中国南北过渡带的极端最北界自西向东依次穿过礼县、耀州区、韩城、安泽、涉县、静海区;其极端最南界自西向东依次穿过北川、宁强、西乡、房县、淅川、罗山、商城、定远、临安区。此范围内共提取了637个县域,其中位于南北过渡带气候变化稳定区的县域256个,位于气候变化敏感区的县域187个。

本研究的结论与部分学者关于中国南北划分和气候带变化的研究结论相印证。首先,通过对中国南北过渡带进行地理表达,直观展现中国南北过渡带的存在,尝试解决部分学者提出的生态地理区域界线的过渡状况难以直观展现的问题(吴绍洪等,2002)。其次,在气候划界指标的动态变化特征方面,本研究发现各划界气象指标等值线东段的年代际变化呈现出明显北移趋势,这与沙万英对比了1951—1999年中国干湿气候界线位置的变化,发现中国的北亚热带东段北移明显的研究结论比较一致。但在南北过渡带范围划定方面,本研究划定的范围与一些学者的研究结论存在一定的差异。如杨柏等以热量指标保证率80%和30%的等值线分别作为过渡带的南缘和北缘界线,确定了1900—1989年北亚热带北界的极端最北位置处在连云港、泰安、安阳、运城、铜川、天水一线;其极端最南位置在四川盆地以东的一段处在宁海、金华、景德镇、南昌以北、至长沙一线(杨柏等,1993)。张剑等采用层次分析法和模糊集合理论构建了南北分界带定量计算模型,运用GIS技术将南北分界带划分为四川、甘肃、陕西、湖北、河南、安徽、江苏等7个省的130个县市(张剑等,2012)。与以上结论相比,本研究划定的南北过渡带的南界和北界比杨柏等人划分的南北界线更偏北,划定的南北过渡带范围比张剑等人的范围更大,这些差异均由划界目的、划界指标和划界方法的差异所造成,无法形成一致结论。

就科学性而言,本研究在划界指标计算时,从农业生产的目的出发,兼顾了 68 年间的气候的一般状态和极端状态,统计了每年气候指标的动态变化情况,研究的时间尺度更为精细,研究方法较为客观。虽然在提取南北过渡带范围时,仅把同时达到多个气候分界指标的地区纳入过渡带范围,划分标准较为严苛,可能会造成气候过渡带范围比实际略小,但从服务南北过渡带农业生产的划界目的来看,在选取农业适应性实证研究区域时则更加客观准确。在后续的工作中,将开展历史和未来情景下中国南北过渡带范围的对比研究,重点关注不同时间尺度南北过渡带面积的变化和迁移规律,为南北过渡带农业生产防范气候变化风险提供参考。

第 4 章　RCPs 情景下的中国南北气候过渡带范围

气候情景预估显示未来百年气候变暖仍将持续,20 世纪末至 21 世纪末的升温幅度可能达到 0.3 ℃～4.8 ℃(IPCC,2013)。温度持续升高和降水的波动变化将对中国南北过渡带产生一定影响,甚至可能使之发生重要转变(杨强等,2017;张扬等,2018;李依婵等,2018;齐贵增等,2019)。预估未来中国气候南北过渡带的动态变化,对揭示中国南北过渡带对气候变化的敏感性和敏感区,科学地制定气候变化适应策略具有重要意义。本章采用跨领域影响模式比较计划(Inter-sectoral Impact Model Inter-comparison Project,ISIMIP)提供的多模式数据集中 5 个全球气候模式数据,主要分析了 RCPs 情景下南北分界指标年际变化和划界气象指标过渡带的变化,预估了 RCPs 情景下的中国南北气候过渡带范围(2019－2099 年),为进一步对比历史时期和未来南北过渡带变化趋势和变化范围奠定基础。

4.1 数据与方法

采用跨领域影响模式比较计划提供的多模式数据集(黄金龙等,2015;Xu Y et al,2015;赵天保等,2016;刘彩红等,2015;王涛等,2020),模拟耦合模式比较计划第五阶段(Coupled Model Intercomparison Project Phase 5,CMIP5)试验中的 5 个全球气候模式(Global Climate Model,GCM)(表 4-1)在 RCPs 温室气体排放情景下的变化,经过插值降尺度计算将其统一到同一分辨率下,利用简单平均方法进行多模式集合(吴佳等,2015;马丹阳等,2019),计算出 800 mm 等降水量线、1 月 0 ℃等温线、日均温≥10 ℃积温 4500 ℃等值线、日均温≥10 ℃日数 219 天、干燥度指数 0.5 作为南北过渡带划界指标,采用与确定历史时期中国南北过渡带范围相同的方法,确定了 2019－2099 年 RCPs 情景下中国南北过渡带的范围,对比分析了中国南北过渡带的变化预估结果,所有未来预估结果都是相对于 1951－2018 年气候平均值。

表 4-1　耦合模式比较计划第五阶段(CMIP5)中 5 个全球气候模式基本信息

模式名称	所属国家	分辨率
GFDL-ESM2M	NOAA GFDL,美国	144×90
HadGEM2-AO	NIMR/KMA,韩国/英国	192×145
IPSL-CM5A-LR	IPSL,法国	96×96
MIROC-ESM-CHEM	MIROC,日本	128×64
NorESM1-M	NCC,挪威	144×96

4.2 RCPs 情景下南北分界指标的过渡带

采用 3.1.2 中的南北过渡带划分方法确定 RCPs 情景下,2019—2099 年中国气候南北过渡带划界的气候指标 800 mm 等降水量线、1 月 0 ℃等温线、日均温≥10 ℃日数等值线和干燥度指数 0.5 等值线变动所形成的过渡带范围。总体看来,RCP2.6、RCP4.5 和 RCP6.0 情景下,800 mm 等降水量线过渡带变动范围的中心线差异不明显,自东向西大致穿过山东东北部、山东中部、山东中南部、安徽北部、河南东部、河南南部、湖北西北部,随后北移至陕西南部,最后到达四川西部。RCP8.5 情景下 800 mm 等降水量线的中心线与其他 3 种情景下中心线的走向大致相同,但变动范围呈现自中心线向北扩散的态势,过渡带东段的范围覆盖了河北全境,过渡带东段的南界变化不明显。RCP2.6、RCP4.5 和 RCP6.0 情景下 1 月 0 ℃等温线的过渡带的范围大致相同,过渡带范围大致覆盖山东全境、河北中南部、河南中北部、陕西南部、四川西部、西藏南部。RCP8.5 情景下 1 月 0 ℃等温线过渡带的东段和中段的北界较其他 3 种情景更偏北,西段与其他情景基本一致。RCPs 情景下日均温≥10 ℃219 天等值线的过渡带范围的中段和西段差异不大,过渡带范围大致覆盖山东全境、河北中南部、陕西中南部、四川北部和四川南部。东段的南界在 RCP8.5 情景下北移幅度最大,其次是 RCP6.0、RCP4.5 和 RCP2.6 情景。RCPs 情景下干燥度指数 0.5 等值线过渡带的范围较为一致,过渡带范围覆盖山东东南部、江苏北部、安徽北部、河南中南部、湖北中西部、甘肃南部、青海南部。

4.3 RCPs 情景下中国南北过渡带范围的确定

4.3.1 划界气象指标等值线的年际变化

为了确定 RCPs 情景下中国南北过渡带的范围,首先要确定各划界气象指标历年等值线的摆动范围,提取2019—2099年各划界气象指标的等值线并叠加至同一图层可以对比各划界指标在RCPs情景下未来81年的变动情况。结果表明,RCPs情景下年800 mm等降水量线的、1月0 ℃等温线和干燥度指数0.5等值线均呈现出西段和中段相对稳定,东段摆动幅度较大的特征。而日均温≥10 ℃日数219天等值线的东段和西段摆动范围相对较小,中段的摆动幅度较大。

其中,800 mm等降水量线在RCPs四种情景下北移幅度最大的年份分别是2052年(RCP2.6)、2099年(RCP4.5)、2078年(RCP6.0)、2089年(RCP8.5),南移幅度最大的年份分别是2034年(RCP2.6)、2067年(RCP4.5)、2071年(RCP6.0)、2078年(RCP8.5)。1月0 ℃等温线在RCPs四种情景下北移幅度最大的年份分别是2030年(RCP2.6)、2087年(RCP4.5)、2097年(RCP6.0)、2099年(RCP8.5),南移幅度最大的年份分别是2091年(RCP2.6)、2060年(RCP4.5)、2037年(RCP6.0)、2023年(RCP8.5)。日均温≥10 ℃日数219天等值线在RCPs四种情景下北移幅度最大的年份分别是2078年(RCP2.6)、2063年(RCP4.5)、2092年(RCP6.0)、2099年(RCP8.5),南移幅度最大的年份分别是2067年(RCP2.6)、2026年(RCP4.5)、2030年(RCP6.0)、2023年(RCP8.5)。干燥度指数0.5等值线在RCPs四种情景下北移幅度最大的年份分别是2099年(RCP2.6)、2089年(RCP4.5)、2035年(RCP6.0)、2071年(RCP8.5),南移幅度最大的年份分别是2075年(RCP2.6)、2066年(RCP4.5)、2038年(RCP6.0)、2084年(RCP8.5)。

依据2019—2099年各划界气象指标的等值线可以计算RCPs情景下各气候指标的均值线,通过叠置分析可以对比相同气象指标不同情景下平均位置的变化情况。RCPs情景下800 mm等降水量线的均值线的走向大致相同,其中均值线东段和中段由南至北依次为RCP6.0、RCP2.6、RCP4.5和RCP8.5,均值线西段由南至北依次为RCP2.6、RCP6.0、RCP4.5和RCP8.5,4条均值线在大部分区域内的重合度较高,表明RCPs情景下800 mm等降水量线较为稳定。RCPs情景下1月0 ℃等温线的均值线走向基本一致,但均值线东段和中段的差异较明显,RCP2.6情景下均值线东段的位置最南,处于山东西南部和河北南部,其次是RCP6.0、RCP4.5和RCP8.5情景,在RCP8.5情景下已经北移到天津南部和河北中部。均值线中段在RCP2.6情景下处于河南省的西部边缘和陕西省南部,在RCP8.5情景下已经北移到山西南部和陕西中部。均值线西段由南至北的顺序与东段和中段一致,但变化幅度较东段和中段小。RCPs情景下≥10 ℃日数219天等值线的均值线东段和西段基本重合,但中段的差异较大。RCP2.6情景下均值线中段的位置最南,处于河南省的西部边缘和陕西省南部,RCP4.5和RCP6.0情景下均值线中段的位置基本重合,在RCP8.5情景下已经北移到山西南部和陕西北部。RCPs情景下干燥度指数0.5等值线的均值线中段和西段基本重合,东段略有差异。RCP2.6情景下均值线东段的位置最北,处于山东东南部边缘和河南南部,RCP6.0和RCP8.

5情景下均值线的位置基本重合,RCP8.5情景下东段已经南移到江苏北部和湖北中部。从RCPs情景下各划界指标变化的稳定性来看,800 mm等降水量线最为稳定,其次是干燥度指数0.5等值线和≥10 ℃日数219天等值线,1月0 ℃等温线的差异最显著,各划界气象指标的均值线在RCP8.5情景下的变化最为极端。

4.3.2 RCPs情景下划界气象指标过渡带的确定

根据2019—2099年南北过渡带各分界指标的均值线μ分别求取各自的$\mu\pm1std$(标准差)、$\mu\pm2std$(标准差)、$\mu\pm3std$(标准差)等值线,得到RCPs情景下各气候指标的过渡带范围。与历史时期相同,RCPs情景下各划界指标过渡带内部气候特征相对一致的区域,由中心向两侧依次为气候稳定区、气候敏感区和气候异常区。其中,RCP2.6情景下800 mm等降水量线的稳定区域主要集中在山东中南部(34.6N°～37.2°N)、河南中部(32.6°N～34.8°N)、湖北北部(32.6°N～33.2°N)、陕西南部(32.6°N～34°N)和甘肃南部(32.6°N～34°N)以及四川中部(北纬28°至33°之间)。RCP4.5情景下800 mm等降水量线的稳定区域主要集中在山东中南部(34.6N°～37.8°N)、河南中部(32.4°N～35°N)、湖北北部(32.4°N～33.2°N)、陕西南部(32.4°N～34.2°N)和甘肃南部(32.6°N～34°N)以及四川中部(27.2°N～33°N)。RCP6.0情景下800 mm等降水量线的稳定区域主要集中在山东中南部(34.6N°～37.8°N)、河南中部(32.4°N～34.6°N)、湖北北部(32°N～33.2°N)、陕西南部(32.4°N～33.8°N)和甘肃南部(32.6°N～33.8°N)以及四川中部(27°N～32.8°N)。RCP8.5情景下800 mm等降水量线的稳定区域主要集中在山东中南部(34.6N°～37.8°N)、河南中部(32.4°N～35°N)、湖北北部(32.4°N～33.2°N)、陕西南部(32.4°N～34.2°N)和甘肃南部(32.6°N～34°N)以及四川中部(27.4°N～33.2°N)。RCPs情景下,各省内800 mm等降水量线过渡带稳定区的北界和南界纬度变化幅度不大,其中,南界纬度的变动范围约在0.2个纬距之内,北界纬度的变动范围约在0.6个纬距之内,RCP8.5情景下过渡带稳定区的南界和北界比其他3种情景相更偏北,表明RCP8.5情景下800 mm等降水量线过渡带稳定区整体北移趋势更显著(表4-2)。

表4-2 RCPs情景下800 mm等降水量线过渡带稳定区范围

RCPs	山东中南部	河南中部	湖北北部	陕西南部	甘肃南部	四川中部
RCP2.6	34.6°N～37.2°N	32.6°N～34.8°N	32.6°N～33.2°N	32.6°N～34°N	32.6°N～34°N	27.4°N～32.8°N
RCP4.5	34.6°N～37.8°N	32.4°N～35°N	32.4°N～33.2°N	32.4°N～34.2°N	32.6°N～34°N	27.2°N～33°N
RCP6.0	34.6°N～37.8°N	32.4°N～34.6°N	32°N～33.2°N	32.4°N～33.8°N	32.6°N～33.8°N	27°N～32.8°N
RCP8.5	34.6°N～37.8°N	32.4°N～35°N	32.4°N～33.2°N	32.4°N～34.2°N	32.6°N～34°N	27.4°N～33.2°N

RCP2.6情景下1月0 ℃等温线的稳定区域主要集中在山东中南部(34.8N°～37.8°N)、河北北部(36°N～38.4°N)、河南西部(33.4°N～36.2°N)、山西南部(34.6°N～35.2°N)、陕西中部(33.2°N～35.2°N)和甘肃南部(33°N～34.2°N)以及四川中部(28°N～33°N)。RCP4.5

情景下 1 月 0 ℃等温线的稳定区域主要集中在山东中南部(34.6°N～38°N)、河北北部(36°N～39.6°N)、河南西部(33.6°N～36.4°N)、山西南部(33.4°N～35.8°N)、陕西中部(33.2°N～35.2°N)和甘肃南部(33°N～34.2°N)以及四川中部(28°N～33°N)。RCP6.0 情景下 1 月 0 ℃等温线的稳定区域主要集中在山东中南部(34.8°N～38°N)、河北北部 36.2°N～39.4°N)、河南西部(33.6°N～36.4°N)、山西南部(34.6°N～36°N)、陕西中部(33.4°N～35.6°N)和甘肃南部(33°N～34.4°N)以及四川中部(27.4°N～33.2°N)。RCP8.5 情景下 1 月 0 ℃等温线的稳定区域主要集中山东中南部(34.2°N～38°N)、河北北部(36.4°N～40.4°N)、河南西部(34.4°N～36.4°N)、山西南部(34.4°N～36.8°N)、陕西中部(34°N～36.6°N)和甘肃南部(33°N～35.2°N)以及四川中部(27.8°N～35.6°N)。RCPs 情景下各省内 1 月 0 ℃等温线过渡带稳定区南界的纬度变化幅度不大,北界纬度的变化幅度较大。其中,南界纬度的变动范围约在 0.8 个纬距之内,北界纬度的变动范围约在 2.6 个纬距之内,RCP8.5 情景下位于四川、河北、山西和陕西境内的稳定区分别比 RCP2.6 情景下北移了 2.6、2、1.6 和 1.4 个纬距,RCP8.5 情景下过渡带稳定区的南界和北界比其他 3 种情景相更偏北,表明 RCP8.5 情景下 1 月 0 ℃等温线过渡带稳定区整体北移趋势更显著(表 4-3)。

表 4-3 RCPs 情景下 1 月 0 ℃等温线过渡带稳定区范围

RCPs	山东中南部	河北北部	河南西部	山西南部	陕西中部	甘肃南部	四川中部
RCP2.6	34.8°N～37.8°N	36°N～38.4°N	33.4°N～36.2°N	34.6°N～35.2°N	33.2°N～35.2°N	33°N～34.2°N	28°N～33°N
RCP4.5	34.6°N～38°N	36°N～39.6°N	33.6°N～36.4°N	34.6°N～36°N	33.2°N～35.8°N	33°N～34.4°N	27.8°N～33.2°N
RCP6.0	34.8°N～38°N	36.2°N～39.4°N	33.6°N～36.4°N	34.6°N～36°N	33.4°N～35.6°N	33°N～34.4°N	27.4°N～33.2°N
RCP8.5	34.2°N～38°N	36.4°N～40.4°N	34.4°N～36.4°N	34.4°N～36.8°N	34°N～36.6°N	33°N～35.2°N	27.8°N～35.6°N

RCP2.6 情景下≥10 ℃ 219 天等值线的稳定区域主要集中在天津北部(39.4°N～39.8°N)、河北中部(36.2°N～39.4°N)、河南西北部(33.8°N～35.6°N)、山西南部(34.6°N～35.6°N)、陕西南部(32.8°N～34.8°N)、甘肃南部(32.6°N～33.6°N)和四川中部(27.2°N～32.8°N)。RCP4.5 情景下≥10 ℃ 219 天等值线的稳定区域主要集中在天津北部(39°N～40°N)、河北中部(36.4°N～39.6°N)、河南西北部(34.2°N～36.4°N)、山西南部(34.6°N～36.8°N)、陕西南部(32.6°N～35.6°N)、甘肃南部(32.8°N～34°N)和四川中部(27.4°N～32.8°N)。RCP6.0 情景下≥10 ℃ 219 天等值线的稳定区域的主要集中在天津北部(39.6°N～40°N)、河北中部(36.4°N～39.6°N)、河南西北部(34°N～36.4°N)、山西南部(34.6°N～36.6°N)、陕西南部(32.6°N～36.4°N)、甘肃南部(32.8°N～34°N)和四川中部(27.4°N～32.8°N)。RCP8.5 情景下≥10 ℃ 219 天等值线的稳定区域主要集中在天津北部(39.6°N～40.6°N)、河北中部(36.4°N～39.6°N)、河南西北部(34.4°N～36.4°N)、山西南部(34.6°N～38.2°N)、陕西南部(33.2°N～38.2°N)、甘肃南部(32.8°N～34.6°N)和四川中部(27.4°N～33°N)。RCPs 情景下各省内日均温≥10 ℃ 219 天等值线过渡带稳定区南界纬度的变动范围约在 0.6 个纬距之内,北界东段和西段纬度的变动范围约在 0.2 个纬距之内,北界中段纬度的变动范围约在 3.4 个纬距之

内。其中，RCP8.5情景下位于陕西、山西和河南境内的稳定区分别比RCP2.6情景下北移了3.4、2.6、1.0个纬距。RCP8.5情景下过渡带稳定区的南界和北界比其他3种情景相更偏北，表明RCP8.5情景下日均温≥10 ℃219天等值线过渡带稳定区整体北移趋势更显著（表4-4）。

表4-4 RCPs情景下日均温≥10 ℃219天等值线过渡带稳定区范围

RCPs	天津北部河北东北部	河北中部	河南西北部	山西南部	陕西南部	甘肃南部	四川中部
RCP2.6	39.4N°～39.8°N	36.2°N～39.4°N	33.8°N～35.6°N	34.6°N～35.6°N	32.8°N～34.8°N	32.6°N～33.6°N	27.2°N～32.8°N
RCP4.5	39°N～40°N	36.4°N～39.6°N	34.2°N～36.4°N	34.6°N～36°N	32.8°N～35.2°N	32.8°N～34°N	27.4°N～32.8°N
RCP6.0	39.6°N～40°N	36.4°N～39.6°N	34°N～36.4°N	34.6°N～36.6°N	32.8°N～36.4°N	32.8°N～34°N	27.4°N～32.8°N
RCP8.5	39.6°N～40.6°N	36.4°N～39.6°N	34.4°N～36.4°N	34.6°N～38.2°N	33.2°N～38.2°N	32.8°N～34.6°N	27.4°N～33°N

RCP2.6情景下干燥度指数0.5等值线的稳定区域主要集中在山东东南部（34.4N°～36.68°N）、江苏北部（30.6°N～35.2°N）、安徽北部（32.2°N～34.4°N）、河南中部（32.4°N～34.8°N）、湖北北部（31.8°N～32.4°N）、陕西南部（33.2N°～35.4°N）、甘肃南部（33.2°N～36.2°N）、青海中部（32.6°N～36.2°N）和西藏中部（27.6°N～32.6°N）。RCP4.5情景下干燥度指数0.5等值线的稳定区域集中在山东东南部（34.6°N～37.6°N）、江苏北部（32°N～35°N）、安徽北部（32°N～34°N）、河南中部（32°N～34°N）、湖北北部（30.6°N～33.2°N）、陕西南部（33.2°N～35.2°N）、甘肃南部（33°N～36°N）、青海中部（32.6°N～36°N）和西藏中部（27.4°N～32.4°N）。RCP6.0情景下干燥度指数0.5等值线的稳定区域的集中在山东东南部（34.6N°～36.2°N）、江苏北部（30.6°N～35°N）、安徽北部（32°N～34°N）、河南中部（31.8°N～34.8°N）、湖北北部（30.4°N～33.2°N）、陕西南部（33.2N°～35.2°N）、甘肃南部（33°N～36°N）、青海中部（32.6°N～36°N）和西藏中部（27.6°N～32.6°N）。RCP8.5情景下干燥度指数0.5等值线的稳定区域集中在山东东南部边缘（34.4N°～36°N）、江苏北部和中部（31°N～35°N）、安徽北部（31.6°N～34°N）、河南中部（31.8°N～34.8°N）、湖北北部（30.2°N～33.2°N）、陕西南部（33.2N°～35°N）、甘肃南部（33°N～36°N）、青海中部（32.6°N～36°N）和西藏中部（27.6°N～32.4°N）。RCPs情景下各省内干燥度指数0.5等值线过渡带稳定区南界纬度在湖北、江苏境内的变动幅度稍大，变动范围分别为1.6和1.4个纬距，其余省份的变动范围约在0.6个纬距之内，北界纬度在山东境内的变动范围约为1.6个纬距，其余省份的变动范围约在0.8个纬距之内。RCP8.5情景下过渡带稳定区的南界和北界比其他3种情景更偏南，表明RCP8.5情景下干燥度指数0.5等值线过渡带稳定区整体南移的趋势更显著（表4-5）。

表4-5 RCPs情景下干燥度指数0.5等值线过渡带稳定区范围

RCPs	山东东南部	江苏北部	安徽北部	河南中部	湖北北部	陕西南部	甘肃南部	青海中部	西藏中部
RCP2.6	34.4N°～36.6°N	30.6°N～35.2°N	32.2°N～34.4°N	32.4°N～34.8°N	31.8°N～32.4°N	33.2°N～35.4°N	33.2°N～36.2°N	32.6°N～36.2°N	27.6°N～32.6°N
RCP4.5	34.6°N～37.6°N	32°N～35°N	32°N～34°N	32°N～34°N	30.6°N～33.2°N	33.2°N～35.2°N	33°N～36°N	32.6°N～36°N	27.4°N～32.4°N
RCP6.0	34.6°N～36.2°N	30.6°N～35°N	32°N～34°N	31.8°N～34.8°N	30.4°N～33.2°N	33.2°N～35.2°N	33°N～36.2°N	32.6°N～36°N	27.6°N～32.6°N
RCP8.5	34.4N°～36°N	31°N～35°N	31.6°N～34°N	31.8°N～34.8°N	30.2°N～33.2°N	33.2°N～35°N	33°N～36°N	32.6°N～36°N	27.6°N～32.4°N

4.3.3 RCPs情景下南北过渡带范围的确定

采用与历史时期相同的南北气候过渡带确定方法,将RCPs同一情景下800 mm等降水量线、1月0℃等温线、日均温≥10℃日数219天等值线和干燥度指数0.5等值线过渡带范围中$\mu\pm1std$、$\mu\pm2std$、$\mu\pm3std$的区域依次赋值为1、2、3。通过栅格计算将赋值后的4个指标进行叠加,采用自然间断点分类,将南北过渡带划分为气候变化稳定区、气候变化敏感区和气候变化异常区3个等级,确定了RCPs情景下中国南北气候过渡带范围。RCP2.6情景下南北过渡带的范围的稳定区位于陕西东南部和河南西部,大致在108°E～113°E和33°N～34.6°N之间;RCP4.5情景下南北过渡带的范围的稳定区位于陕西东南部和河南西部,大致在107°E～113°E和32.4°N～34.8°N之间;RCP6.0情景下南北过渡带的范围的稳定区位于陕西东南部和河南西部,大致在108°E～113°E和32.4°N～34.4°N之间;RCP8.5情景下南北过渡带的范围的稳定区位于甘肃东南部、陕西南部和河南西部,大致在105.5°E～113.5°E和32.8°N～35°N之间。虽然确定的RCPs情景下中国南北气候过渡带的范围与中国秦岭的位置大致相同,但南北过渡带的东段在4个指标过渡带叠加计算后消失,原因在于未来情景下日均温≥10℃日数219天等值线的过渡带范围的东段向北摆动幅度过大,与其他3个指标过渡带东段的范围没有重合的区域,表明日均温≥10℃日数219天等值线这一划界指标相对其余3指标而言稳定性稍差。

为了科学地确定中国南北气候过渡带的范围,将800 mm等降水量线、1月0℃等温线、和干燥度指数0.5等值线过渡带范围进行叠加,用于进一步对比分析4个划界指标和3个指标所确定的南北气候过渡带范围的合理性。3个气候指标过渡带叠加结果表明,RCP2.6情景下南北过渡带的范围的稳定区主要集中在山东中部和江苏北部(117°E～119°E和34°N～36.4°N之间),河南西部和陕西东南部(109°E～113°E和32.6°N～34.2°N之间);RCP4.5情景下南北过渡带的范围的稳定区主要集中山东中部和江苏北部(117°E～119°E和34°N～37°N之间),河南中西部和陕西东南部(108°E～115°E和32.6°N～34.8°N之间);RCP6.0情景下南北过渡带的范围的稳定区主要集中山东中部和江苏北部(117°E～119°E和33.6°N～36.8°N之间),河南中部及西南部、安徽北部和陕西东南部(109°E～117°E和32°N～34.2°N之间);RCP8.5情景下南北过渡带的范围的稳定区主要集中山东东南部和江苏东北部(118°E～120°E和34°N～37°N之间),河南中部及西南部和陕西东南部(108°E～115°E和32.4°N～35°N之间)。

RCPs情景下基于4个划界气候指标的中国南北过渡带划分结果(本研究简称结果1)中,RCP2.6情景下共提取了59个县域,其中位于南北过渡带气候变化稳定区的县域17个,位于气候变化敏感区的县域26个;RCP4.5情景下共提取了102个县域,其中位于南北过渡带气候变化稳定区的县域31个,位于气候变化敏感区的县域48个;RCP6.0情景下共提取了77个县域,其中位于南北过渡带气候变化稳定区的县域23个,位于气候变化敏感区的县域37个。RCP8.5情景下共提取了147个县域,其中位于南北过渡带气候变化稳定区的县域57个,位于气候变化敏感区的县域70个。基于3个划界气候指标的中国南北过渡带划分结果(本研究简称结果2)中,RCP2.6情景下共提取了239个县域,其中位于南北过渡带气候变化稳定区的县域64个,位于气候变化敏感区的县域105个;RCP4.5情景下共提取了312个县域,其中位于南北过渡带气候变化稳定区的县域80个,位于气候变化敏感区的县域143个;RCP6.0情景下共提取了273个县域,其中位于南北过渡带气候变化稳定区的县域69个,位于气候变化敏感区的县域131个。RCP8.5情景下共提取了343个县域,其中位于南北过渡带气候变化稳定区的县域90个,位于气候变化敏感区的县域177个。以上两种结果的取舍和选择取决于本文的研究目的,在进一步研究中将对比历史和未来南北过渡带的动态变化下的区域类型变化,将历史时期南北过渡带的范围与未来情景下两种结果的范围同时进行对比,选出两种结果中共同的区域,可以更精准地发现区域类型的变化,因此将两种结果同时保留,便于开展进一步研究。

4.4 本章小结

本章采用跨领域影响模式比较计划(ISIMIP)提供的多模式数据集中模拟耦合模式比较计划第五阶段试验中的5个全球气候模式数据,分析了RCPs情景下中国南北过渡带各划界指标过渡带的变化,在此基础上进一步确定了RCPs情景下中国南北过渡带的范围。

(1)总体看来,RCP2.6、RCP4.5和RCP6.0情景下800 mm等降水量线过渡带自东向西大致穿过山东东北部、山东中部、山东中南部、安徽北部、河南东部、河南南部、湖北西北部,随后北移至陕西南部,最后到达四川西部。RCP8.5情景下800 mm等降水量线的中心线与其他3种情景下中心线的走向大致相同,但变动范围呈现自中心线向北扩散的态势,过渡带东段的范围覆盖了河北全境,过渡带东段的南界变化不明显。RCP2.6、RCP4.5和RCP6.0情景下1月0 ℃等温线的过渡带大致覆盖山东全境、河北中南部、河南中北部、陕西南部、四川西部、西藏南部。RCP8.5情景下1月0 ℃等温线过渡带的东段和中段的北界较其他3种情景更偏北,西段与其他情景基本一致。RCPs情景下日均温≥10 ℃219天等值线的过渡带范围大致覆盖山东全境、河北中南部、陕西中南部、四川北部和四川南部。RCPs情景下干燥度指数0.5等值线过渡带范围覆盖山东东南部、江苏北部、安徽北部、河南中南部、湖北中西部、甘肃南部、青海南部。就各气候分界指标的边界来看,过渡带北界的变动范围由北向南排序依次为1月0 ℃等温线、日均温≥10 ℃219天等值线、800 mm等降水量线和干燥度指数0.5等值线。过渡带南界的变动范围由南向北排序依次为 1 月 0 ℃ 等温线、干燥度指数 0.5 等值线、800 mm 等降水量线和日均温≥10 ℃ 219 天等值线。

(2) RCPs 情景下年 800 mm 等降水量线的、1 月 0 ℃ 等温线和干燥度指数 0.5 等值线均呈现出西段和中段相对稳定,东段摆动幅度较大的特征。日均温≥10 ℃ 日数 219 天等值线的东段和西段摆动范围相对较小,中段的摆动幅度较大。RCPs 情景下 800 mm 等降水量线的均值线的走向大致相同,4 条均值线在大部分区域内的重合度较高,表明 RCPs 情景下 800 mm 等降水量线较为稳定。RCPs 情景下 1 月 0 ℃ 等温线的均值线走向基本一致,但均值线东段和中段最南界在 RCP8.5 情景下均比 RCP2.6 情景下北移幅度更大,均值线西段变化幅度较东段和中段小。RCPs 情景下≥10 ℃ 日数 219 天等值线的均值线东段和西段基本重合,均值线中段在 RCP2.6 情景下处于河南省的西部边缘和陕西省南部,在 RCP8.5 情景下已经北移到山西南部和陕西中部。RCPs 情景下干燥度指数 0.5 等值线的均值线中段和西段基本重合,RCP2.6 情景下均值线东段的北界到达山东东南部边缘和河南南部,在 RCP8.5 情景下将南移到江苏北部和湖北中部。从 RCPs 情景下各划界指标变化的稳定性来看,800 mm 等降水量线最为稳定,其次是干燥度指数 0.5 等值线和≥10 ℃ 日数 219 天等值线,1 月 0 ℃ 等温线的差异最显著,各划界气象指标的均值线在 RCP8.5 情景下的变化最为极端。

(3) RCPs 情景下各省内 800 mm 等降水量线过渡带稳定区北界和南界的纬度变化幅度均不大,1 月 0 ℃ 等温线过渡带和日均温≥10 ℃ 219 天等值线稳定区北界的纬度变化幅度大于南界,干燥度指数 0.5 等值线过渡带稳定区南界纬度在湖北、江苏境内的变动幅度较大,北界纬度在山东境内的变动幅度较大。RCP8.5 情景下干燥度指数 0.5 等值线过渡带稳定区的南界和北界比其他 3 种情景更偏南,表明干燥度指数 0.5 等值线过渡带稳定区整体南移的趋势更显著;其他 3 个指标的过渡带稳定区的南界和北界比在 RCP2.6、RCP4.5 和 RCP8.5 情景下更偏北,表明其他 3 个指标过渡带稳定区整体北移的趋势更显著。

(4) 基于 4 个划界气候指标的中国南北过渡带划分结果(本研究简称结果 1)表明,RCP2.6 情景下南北过渡带的范围的稳定区位于陕西东南部和河南西部,大致在 108°E～113°E 和 33°N～34.6°N 之间;RCP4.5 情景下南北过渡带的范围的稳定区位于陕西东南部和河南西部,大致在 107°E～113°E 和 32.4°N～34.8°N 之间;RCP6.0 情景下南北过渡带的范围的稳定区位于陕西东南部和河南西部,大致在 108°E～113°E 和 32.4°N～34.4°N 之间;RCP8.5 情景下南北过渡带的范围的稳定区位于甘肃东南部、陕西南部和河南西部,大致在 105.5°E～113.5°E 和 32.8°N～35°N 之间。基于 3 个划界气候指标的中国南北过渡带划分结果(本研究简称结果 2)表明,RCP2.6 情景下南北过渡带的范围的稳定区主要集中在山东中部和江苏北部(117°E～119°E 和 34°N～36.4°N 之间),河南西部和陕西东南部(109°E～113°E 和 32.6°N～34.2°N 之间);RCP4.5 情景下南北过渡带的范围的稳定区主要集中山东中部和江苏北部

(117°E～119°E 和 34°N～37°N 之间),河南中西部和陕西东南部(108°E～115°E 和 32.6°N～34.8°N 之间);RCP6.0 情景下南北过渡带的范围的稳定区主要集中山东中部和江苏北部(117°E～119°E 和 33.6°N～36.8°N 之间),河南中部及西南部、安徽北部和陕西东南部(109°E～117°E 和 32°N～34.2°N 之间);RCP8.5 情景下南北过渡带的范围的稳定区主要集中山东东南部和江苏东北部(118°E～120°E 和 34°N～37°N 之间),河南中部及西南部和陕西东南部(108°E～115°E 和 32.4°N～35°N 之间)。

(5) 结果1中,RCP2.6 情景下共提取了 59 个县域,其中位于南北过渡带气候变化稳定区的县域 17 个,位于气候变化敏感区的县域 26 个;RCP4.5 情景下共提取了 102 个县域,其中位于南北过渡带气候变化稳定区的县域 31 个,位于气候变化敏感区的县域 48 个;RCP6.0 情景下共提取了 77 个县域,其中位于南北过渡带气候变化稳定区的县域 23 个,位于气候变化敏感区的县域 37 个。RCP8.5 情景下共提取了 147 个县域,其中位于南北过渡带气候变化稳定区的县域 57 个,位于气候变化敏感区的县域 70 个。结果2中,RCP2.6 情景下共提取了 239 个县域,其中位于南北过渡带气候变化稳定区的县域 64 个,位于气候变化敏感区的县域 105 个;RCP4.5 情景下共提取了 312 个县域,其中位于南北过渡带气候变化稳定区的县域 80 个,位于气候变化敏感区的县域 143 个;RCP6.0 情景下共提取了 273 个县域,其中位于南北过渡带气候变化稳定区的县域 69 个,位于气候变化敏感区的县域 131 个。RCP8.5 情景下共提取了 343 个县域,其中位于南北过渡带气候变化稳定区的县域 90 个,位于气候变化敏感区的县域 177 个。

第5章 中国南北过渡带变化趋势及变化类型

本研究的第3章采用历史观测的气象数据对中国南北过渡带地域范围进行地理表达,并确定了中国南北过渡带的范围。第4章采用未来气候模式数据预估了RCPs情景下中国南北过渡带的范围。气候变化背景下,历史时期中国南北过渡带的范围在未来情景下将会发生变化,一些区域在历史和未来可能始终处于过渡带的核心稳定区,一些历史时期的稳定区域在未来可能会转为敏感区域,一些区域在历史和未来均处于气候变化的敏感区。本章通过对比历史和未来的中国南北过渡带,分析了中国南北过渡带的变化趋势,根据不同的变化情况划分了变化类型,选取了未来中国南北气候过渡带农业生产的典型区域作为农业生产脆弱性的研究区域。

5.1 中国南北气候过渡带的变化趋势

为更加直观对比基于历史观测数据和RCPs情景下中国南北分界指标过渡带的变化,首先将历史时期气候指标过渡带设置为70%透明度显示,然后将RCPs情景下的气候指标过渡带由拉伸显示更改为自然间断点分类显示(蓝色表示气候指标过渡带,灰色表示非过渡带区域),最后将历史和未来的气候指标过渡带图层叠加以对比各气候指标过渡带的变化情况。

RCPs情景下800 mm等降水量线过渡带的南界与历史时期基本重合,自东向西大致穿过山东、江苏两省交界处、安徽北部、河南中南部、陕西南部、四川西北部和西藏西南部;过渡带北界均已越过历史时期的北界,其中RCP2.6、RCP4.5和RCP6.0情景下的北界位置相当,大致穿过山东河北的交界处、山西河南的交界处、陕西中部、甘肃南部和青海东南部,RCP8.5情景下的800 mm等降水量线北界的东段已越过黄河一带。RCP2.6、RCP4.5和RCP6.0情景下1月0 ℃等温线过渡带的南界与历史时期基本重合,北界的东段和中段越过了历史时期,北移至天津北部、山西中部、宁夏南部。RCP8.5情景下1月0 ℃等温线过渡带北界的中部继续北移至宁夏的北部,南界向北越过秦岭—淮河一线。RCPs情景下日均温≥10 ℃日数219天等值线的过渡带北界的东段和西段较为稳定,中段边界不断向西北部推进,过渡带南界在RCP2.6、RCP4.5和RCP6.0情景下均变化不大,但在RCP8.5情景下东段和中段呈现向西北移动的趋势。RCPs情景下干燥度指数0.5等值线的过渡带南北界的东段和中段均发生南移,极端最北界已退至历史时期的极端最南界的位置。

与历史时期相比,RCPs情景下800 mm等降水量线的均值线东段由山东、江苏交界处北移至山东中部,中段在河南、陕西境内较为稳定,西段在四川、西藏境内再次北移,四种情景间的北移幅度差异不明显。RCPs情景下的1月0 ℃等温线东段北移的幅度最大,中段北移的幅度较大,西段较为稳定。RCPs不同情景的等值线变化幅度由大到小依次为RCP8.5、RCP6.0、RCP4.5和RCP2.6。RCPs情景下日均温≥10 ℃日数219天等值线的均值线的西段较为一致,中段略有不同,东段北移幅度最大。RCPs不同情景下干燥度指数0.5等值线之间的变化虽不明显,但与历史时期相比差异巨大。RCPs情景下,干燥度指数0.5等值线的东段在河南中部、山东中部南移到河南、山东边缘,西段的等值线发生大幅度北移,由四川中部向西、向北移动至青海、甘肃。

5.2 中国南北过渡带变化的变化类型

5.2.1 变化类型

将历史时期和RCPs情景下的中国南北气候过渡带中的稳定区、敏感区和异常区的县域进行比对,若历史时期位于过渡带的稳定区,在未来情景下仍处于过渡带的稳定区,则将该区域划分为始终稳定区(简称稳定区),以此类推,变化类型可以组合为稳定区、敏感区、异常区、稳定区转敏感区、稳定区转异常区、敏感区转稳定区、敏感区转异常区等共16种变化情况(表5-1)。

表5-1 中国南北气候过渡带区域变化类型

类型	稳定区	敏感区	异常区	非过渡带
稳定区	稳定区	稳定区转敏感区	稳定区转异常区	稳定区转非过渡带
敏感区	敏感区转稳定区	敏感区	敏感区转异常区	敏感区转非过渡带
异常区	异常区转稳定区	异常区转敏感区	异常区	异常区转非过渡带
非过渡带	非过渡带转稳定区	非过渡带转敏感区	非过渡带转异常区	非过渡带

5.2.2 变化结果

历史时期的南北过渡带区域分别与结果1和结果2中的RCP2.6、RCP4.5、RCP6.0、RCP8.5的南北过渡带区域比对,得到8种未来南北过渡带区域变化的不同结果。

与结果1对比,RCPs情景下的典型区域主要集中在河南省、陕西省、湖北省、甘肃省和山西省,其中 RCP2.6 情景下处于稳定区的县域有 11 个,处于敏感区的县域有 5 个,处于稳定区转敏感区的县域有 20 个;RCP4.5 情景下处于稳定区的县域有 23 个,处于敏感区的县域有 15 个,处于稳定区转敏感区的县域有 25 个;RCP6.0 情景下处于稳定区的县域有 10 个,处于敏感区的县域有 5 个,处于稳定区转敏感区的县域有 28 个;RCP8.5 情景下处于稳定区的县域有 39 个,处于敏感区的县域有 21 个,处于稳定区转敏感区的县域有 31 个。

与结果 2 对比,RCPs 情景下的典型区域主要集中在河南省、陕西省、山东省、江苏省、安徽省、湖北省、甘肃省和山西省,其中 RCP2.6 情景下处于稳定区的县域有 54 个,处于敏感区的县域有 25 个,处于稳定区转敏感区的县域有 75 个;RCP4.5 情景下处于稳定区的县域有 61 个,处于敏感区的县域有 33 个,处于稳定区转敏感区的县域有 93 个;RCP6.0 情景下处于稳定区的县域有 49 个,处于敏感区的县域有 32 个,处于稳定区转敏感区的县域有 81 个;RCP8.5 情景下处于稳定区的县域有 69 个,处于敏感区的县域有 45 个,处于稳定区转敏感区的县域有 107 个(表 5-2)。

表 5-2 中国南北气候过渡带区域变化类型统计

变化类型	RCPs 结果 1				RCPs 结果 2			
	RCP2.6	RCP4.5	RCP6.0	RCP8.5	RCP2.6	RCP4.5	RCP6.0	RCP8.5
稳定区	11	23	10	39	54	61	49	69
敏感区	5	15	5	21	25	33	32	45
异常区		6		7	18	23	17	20
稳定区转敏感区	20	25	28	31	75	93	81	107
稳定区转异常区	15	9	16	3	36	29	36	13
稳定区转非过渡带	165	154	157	138	46	28	45	22
敏感区转异常区		6	4		12	24	8	27
敏感区转稳定区	6	8	10	15	10	16	15	18
敏感区转非过渡带	169	151	165	140	133	107	125	90
异常区转敏感区		8	4	14	2	12	12	20
异常区转非过渡带	202	188	197	178	182	166	172	162
非过渡带转稳定区			2		2	4		3
非过渡带转敏感区	1		4	3	5		6	5
非过渡带转异常区	1	2		6	4	13	12	16

8 种变化结果中,本研究识别的南北过渡带气候变化典型区域主要包括以下几类:(1)从历史到未来始终处于稳定区的县域;(2)从历史到未来始终处于敏感区的县域;(3)历史时期处于稳定区域,但在未来将始终处于敏感区的县域;(4)历史时期处于稳定区域,但在未来处于敏感区或仍处于稳定区的县域。选取以上四类区域作为典型区域主要是基于南北过渡带气候条件对当地从事农业生产的人群及社会系统的影响,长期处于南北过渡带气候稳定区的农业生产因气候条件比其他区域稳定,农户对气候变化风险的感知能力和应对风险的能力可能不如气候敏感区,如果历史时期南北过渡带的稳定区在未来变为敏感区,可能因风险感知能力、适应能力不匹配成为理论层面的潜在风险区,关注这些区域农业生产的脆弱性,对于南北过渡带

农业生产防灾减灾有重要意义。根据以上选择标准,将上述4类区域组合成未来中国南北气候过渡带农业生产应对气候变化风险的典型区域,包括河南的西峡、卢氏、灵宝、禹州、洛宁、栾川、嵩县和新密,甘肃的徽县,陕西的蓝田、潼关、洛南、宁陕、柞水、商洛、商南、丹凤和山阳(图5-1)。

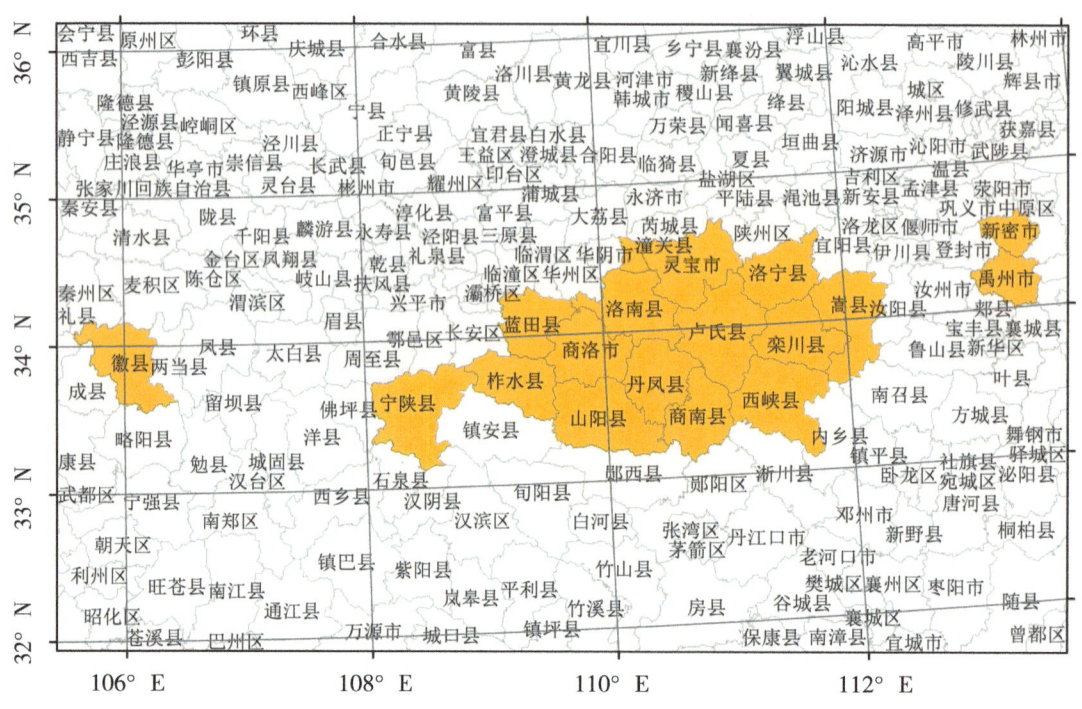

图5-1 未来中国南北气候过渡带农业生产的典型区域

5.3 本章小结

(1) RCPs情景下800 mm等降水量线过渡带的南界与历史时期基本重合,自东向西大致穿过山东、江苏两省交界处、安徽北部、河南中南部、陕西南部、四川西北部和西藏西南部;过渡带北界均已越过历史时期的北界,其中RCP2.6、RCP4.5和RCP6.0情景下的北界位置相当,大致穿过山东河北的交界处、山西河南的交界处、陕西中部、甘肃南部和青海东南部,RCP8.5情景下的800 mm等降水量线北界的东段已越过黄河一带。RCP2.6、RCP4.5和RCP6.0情景下1月0℃等温线过渡带的南界与历史时期基本重合,北界的东段和中段越过了历史时期,北移至天津北部、山西中部、宁夏南部。RCP8.5情景下1月0℃等温线过渡带北界的中部继续北移至宁夏的北部,南界向北越过秦岭—淮河一线。RCPs情景下日均温≥10℃日数219天等值线的过渡带北界的东段和西段较为稳定,中段边界不断向西北部推进,过渡带南界在RCP2.6、RCP4.5和RCP6.0情景下均变化不大,但在RCP8.5情景下东段和中段呈现向西北移动的趋势。RCPs情景下干燥度指数0.5等值线的过渡带南北界的东段和中段均发生南移,极端最北界已退至历史时期的极端最南界的位置。

（2）将历史时期和 RCPs 情景下的中国南北气候过渡带中的稳定区、敏感区和异常区的县域进行比对,若历史时期位于过渡带的稳定区,在未来情景下仍处于过渡带的稳定区,则将该区域划分为始终稳定区(简称稳定区),以此类推,变化类型可以组合为稳定区、敏感区、异常区、稳定区转敏感区、稳定区转异常区、敏感区转稳定区、敏感区转异常区等共 16 种变化情况,本研究主要涉及 8 种未来南北过渡带区域变化的结果,根据典型区域的划分标准,选取了 4 类区域组合成未来中国南北气候过渡带农业生产应对气候变化风险的典型区域,包括河南的西峡、卢氏、灵宝、禹州、洛宁、栾川、嵩县和新密,甘肃的徽县,陕西的蓝田、潼关、洛南、宁陕、柞水、商洛、商南、丹凤和山阳。

第6章 南北过渡带农业生产的气象灾害扰动

以增温为主要特征的全球气候变化改变了降水、气温等气象灾害致灾因子的时空演变规律,复杂多变的气候导致了自然灾害频发,极端气候事件的频率和强度也显著增加,给人类社会的生产生活和生命安全带来巨大威胁。冬小麦和夏玉米是南北过渡带主要的粮食作物,生育期内的极端降水气候事件是冬小麦和夏玉米面临的最直接的负面影响因素,会造成生长期冬小麦和夏玉米的雨涝和湿害,造成减产甚至根系坏死,若发生在成熟期还将影响作物品质,造成丰产不丰收的局面。干旱也是影响冬小麦和夏玉米的主要农业气象灾害,全生育期或关键生长阶段的旱灾都会影响作物生长,使作物灌浆过程受阻,产量明显降低。为探明南北过渡带农业生产受气象灾害扰动的影响,本章以极端降水和干旱做为农业生产的致灾因子,从时间变化和空间分布两个方面分析了南北过渡带面临的极端降水和干旱的灾害胁迫,试图回答以下两个问题:第一,从农业生产的角度,南北过渡带极端降水和干旱气候事件的时间变化和空间分布规律是怎样的?第二,南北过渡带受气象灾害扰动等级较高的区域与因南北过渡带变化形成的理论层面的潜在风险区在空间上是否一致?

6.1 农业气象灾害数据统计

6.1.1 作物生育期统计

本研究中采用中国气象科学数据共享服务网(http://data.cma.cn/site/index.html)发布的1991—2014年778个中国农业气象台站的农作物生长发育数据统计各地冬小麦和夏玉米的生育期。根据历年冬小麦和夏玉米播种日期和成熟日期求取各站点冬小麦和夏玉米播种和成熟的平均日期。观察各地冬小麦和夏玉米发育期距平发现,受气候变化影响,在1991—2014年,中国各地历年冬小麦播种日期和成熟日期均出现提前或延后,在80%的保证率下,播种期和成熟期提前和延后的日期为5天左右。为了不遗漏灾害天气,本研究将播种期和成熟期前后5天也作为冬小麦和夏玉米的生育期。中国南北过渡带的冬小麦和夏玉米生育期统计时段分别为20个和13个(表6-1)。

第6章 南北过渡带农业生产的气象灾害扰动

表 6-1 中国南北过渡带冬小麦和夏玉米生育期统计

冬小麦生育期统计		夏玉米生育期统计
9月中旬—次年6月中旬	10月下旬—次年5月中旬	5月下旬—9月上旬
9月下旬—次年5月下旬	10月下旬—次年5月下旬	5月下旬—9月中旬
9月下旬—次年6月上旬	10月下旬—次年6月上旬	5月下旬—9月下旬
9月下旬—次年6月中旬	10月下旬—次年6月中旬	6月上旬—9月上旬
9月下旬—次年6月下旬	11月上旬—次年5月下旬	6月上旬—9月中旬
9月下旬—次年7月上旬	11月上旬—次年6月上旬	6月上旬—9月下旬
10月上旬—次年5月下旬	11月中旬—次年6月上旬	6月上旬—10月上旬
10月上旬—次年6月中旬		6月中旬—8月下旬
10月上旬—次年6月上旬		6月中旬—9月上旬
10月中旬—次年6月上旬		6月中旬—9月下旬
10月中旬—次年5月下旬		6月中旬—10月上旬
10月中旬—次年6月中旬		6月下旬—9月下旬
10月中旬—次年6月下旬		6月下旬—10月上旬

6.1.2 农业气象灾害数据统计

(1) 极端降水气候事件

IPCC第五次报告指出,受气候变化的影响,全球范围内极端气候事件发生频率和强度加剧。极端降水是极端天气的典型表现之一,由此引起的气象灾害呈多发态势,给人类社会和经济带来的损失不断加剧,已成为人类面临的最为复杂的挑战之一。本研究用雨日日数表征冬小麦和夏玉米生育期内降水的一般状态,用大雨日数、暴雨日数、连阴雨频次、最大过程雨量、最长连阴雨持续日数表征降水的极端状态。以上指标共同表征南北过渡带典型区域冬小麦和夏玉米生育期内面临的极端降水气候事件的胁迫程度。各极端降水指标及指标定义见表6-2。

表 6-2 极端降水指数定义

极端降水指数	指标定义
雨日日数	日降水量≥1 mm 日数(d)
大雨日数	日降水量≥25 mm 日数(d)
暴雨日数	日降水量≥50 mm 日数(d)
连阴雨频次	连续3 d及以上有降水且过程雨量≥40 mm 日数(d)
最大连阴雨过程雨量	连续3 d及以上有降水且过程雨量≥40 mm 降水量最大值/mm
最长连阴雨持续日数	连续3 d及以上有降水且过程雨量≥40 mm 日数最大值(d)

(2) 干旱

根据中国气象局制定的《气象干旱等级划分标准》,将SPEI划分为5个等级,分别为无旱、轻微干旱、中等干旱、严重干旱和极端干旱(表6-3)。SPEI具有多时间尺度的特征。其中,1个月时间尺度的干旱指数可以比较清楚地反映旱涝的细微性变化,12个月时间尺度可以清晰地反映全年的干旱状况。故本研究计算 1 月和 12 月两种尺度的 SPEI 值,用 SPEI$_1$ 和 SPEI$_{12}$ 表示。

表 6-3 气象干旱等级划分标准

干旱等级	SPEI 的范围值
无旱	SPEI≥-0.5
轻旱	-1.0<SPEI≤-0.5
中旱	-1.5<SPEI≤-1.0
重旱	-2.0<SPEI≤-1.5
特旱	SPEI≤-2.0

根据《气象干旱等级划分标准》统计 1961—2018 年全国的 SPEI$_1$ 和 SPEI$_{12}$ 的干旱等级,统计了各气象站点 696 个月和 58 年的干旱数据。在此基础上计算了研究时段内两种时间时间尺度轻旱、中旱、重旱、特旱的频次及干旱总频次,表征研究区域的干旱强度(表 6-4)。

表 6-4 干旱气象灾害指标定义

干旱指标	指标定义
干旱频次	研究时段内某等级干旱发生的次数

6.1.3 计算方法

(1) 标准化蒸散发指数 SPEI

①SPEI 计算过程中采用 FAO Penman-Monteith 公式法计算潜在蒸散发(沈国强等,2017)。

②逐月计算降水量与潜在蒸散发差值,作为水分亏缺量:

$$D_j = P_j - PET_j \tag{7-1}$$

式中,D_j 为第 j 月份的水分亏缺量,P_j 为第 j 月份的降水量,PET_j 为第 j 月份的潜在蒸散发。

③根据线性递减权重(王春林等,2011)方案建立不同时间尺度累积水分亏缺量序列:

$$\begin{cases} X_{i,j}^k = \sum_{l=13-k+j}^{12} D_{i-1,l} + \sum_{l=1}^{j} D_{i,l} & j < k \\ X_{i,j}^k = \sum_{l=j-k}^{j} D_{i,l} & \geq k \end{cases} \tag{7-2}$$

式中,$X_{i,j}^k$ 为 k-月尺度下第 i 年第 l 月的累积水分亏缺量,$D_{i,l}$ 为第 i 年第 l 月的水分亏缺量。

④由于原始累积水分亏缺量存在负值,需要引入三参数 log-logistic 概率分布函数计算累积水分亏缺量的概率分布(Vicente et al,2010), log-logistic 概率分布函数如下：

$$F(X) = \left[1 + \left(\frac{\alpha}{X-\gamma}\right)^\beta\right]^{-1} \quad (7\text{-}3)$$

式中，α、β 和 γ 指示尺度、形状和位置，计算公式分别如下：

$$\beta = \frac{2w_1 - w_0}{(6w_1 - w_0 - 6w_2)} \quad (7\text{-}4)$$

$$\alpha = \frac{(w_0 - 2w_1)\beta}{\Gamma(1+1/\beta)\Gamma(1-1/\beta)} \quad (7\text{-}5)$$

$$\gamma = w_0 - \alpha\Gamma(1+1/\beta)\Gamma(1-\frac{1}{\beta}) \quad (7\text{-}6)$$

$$w_s = \frac{1}{n}\sum_{q=1}^{n}\left(1 - \frac{q-0.35}{n}\right)^s X_q \quad (7\text{-}7)$$

其中，w_s 是概率权重矩，$s=0,1,2$，q 为累积水分亏缺量 X 按升序排列的序数，即满足 $X_1 \leqslant X_2 \leqslant \cdots \leqslant X_n$，$\Gamma(\beta)$ 为 Gamma 函数。

⑤标准化处理各月的累积水分亏缺量序列的概率分布 $F(X)$。p 为 $X_{i,j}^k$ 的概率：

$$p = 1 - F(X) \quad (7\text{-}8)$$

如果 $p \leqslant 0.5$，$w = \sqrt{-2\ln p}$，则

$$SPEI = w - \frac{C_0 + C_1 w + C_2 w^2}{1 + d_1 w + d_2 w^2 + d_3 w^3} \quad (7\text{-}9)$$

如果 $p > 0.5$，$w = \sqrt{-2\ln(1-p)}$，则

$$SPEI = \frac{C_0 + C_1 w + C_2 w^2}{1 + d_1 w + d_2 w^2 + d_3 w^3} - w \quad (7\text{-}10)$$

其中，$C_0 = 2.515517$，$C_1 = 0.802853$，$C_2 = 0.010328$，$d_1 = 1.432788$，$d_3 = 0.189269$，$d_3 = 0.001308$。

6.2 南北过渡带主要气象灾害时间变化特征

6.2.1 冬小麦生育期极端降水时间变化趋势

图 6-2 为 1961—2018 年南北过渡带冬小麦生育期极端降水指数的年际变化趋势。58 年来间，大雨日数、暴雨日数和连阴雨频次的波动较小，降水日数、最大连阴雨过程雨量和最长连阴雨日数的变化幅度较大。其中，大雨日数和暴雨日数呈递增趋势，大雨日数最多的年份是 1998 年，为 3.50 天，最少的年份是 2011 年，为 0.64 天；暴雨日数最多的年份是 2018 年，为 0.58 天，最少的年份是 1968 年，为 0.01 天。

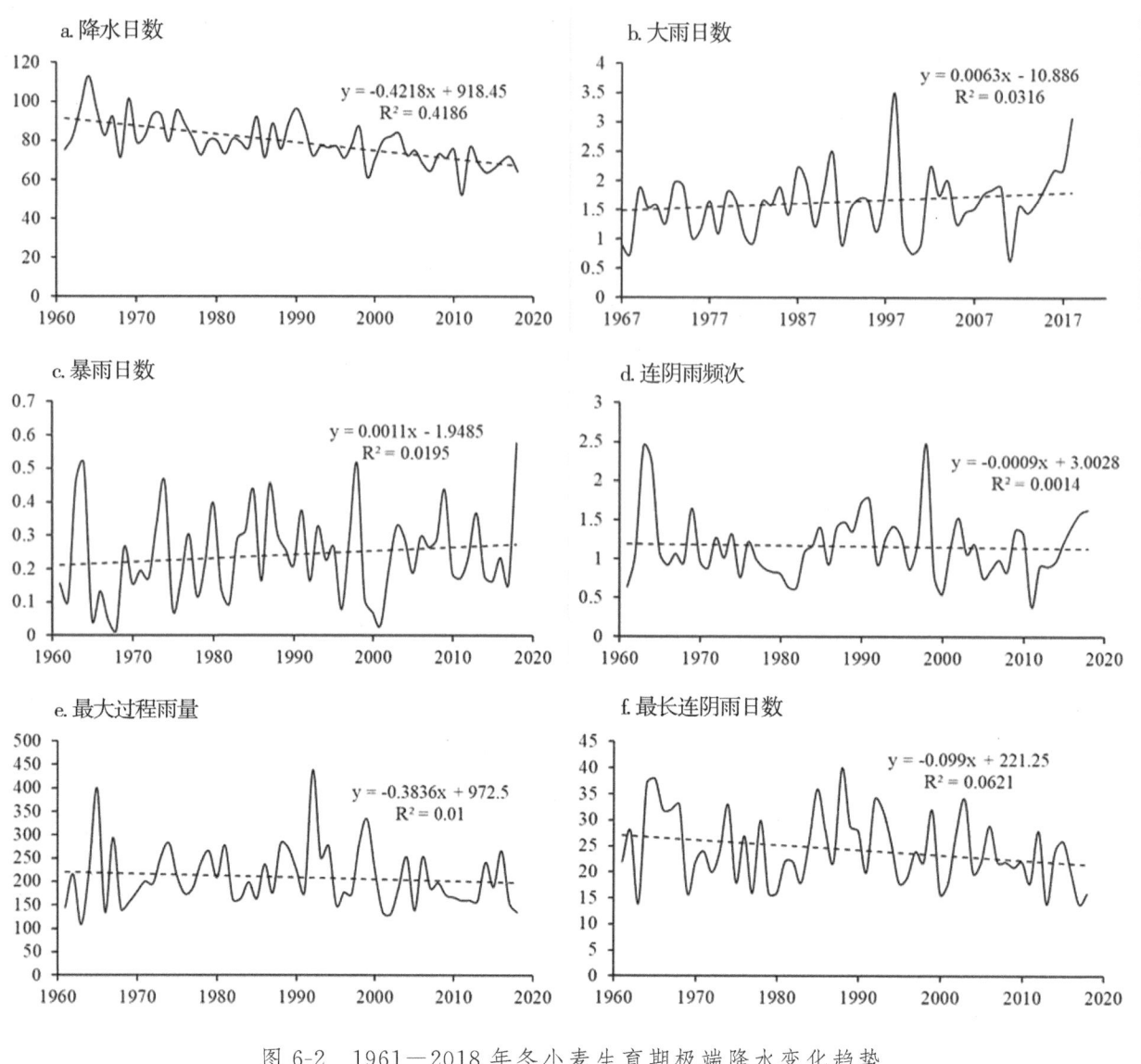

图 6-2 1961—2018 年冬小麦生育期极端降水变化趋势

连阴雨频次呈逐渐下降趋势,发生连阴雨最多的年份为 1998 年,为 2.48 次,最少的年份为 2011 年,为 0.39 次。降水日数呈现递减趋势,降水日数最多的年份是 1964 年,达到 112.98 mm,最少的年份是 2011 年,仅为 52.26 mm。最大过程雨量和最长连阴雨日数在波动中虽呈现递减趋势,但各年份的变化差异较大,连阴雨单次最大过程雨量出现在 1992 年,达 438 mm,是 1963 年最大过程雨量的 4 倍;单次连阴雨持续日数最多的年份是 1988 年,达到 40 天,最少为 1963、2013 和 2017 年,仅为 14 天。就变化趋势的显著性而言,仅降水日数通过了 0.001 信度检验,减少趋势显著,其余各指标的变化趋势均不显著。

6.2.2 夏玉米生育期极端降水时间变化趋势

图 6-3 为 1961—2018 年南北过渡带夏玉米生育期极端降水指数的年际变化趋势。夏玉米生育期内所有极端降水指标均呈递减趋势。

其中,降雨日数从 1963 年的 68 次减少到 2018 的 41.80 次;大雨日数最多的年份是 2003

年,为 6.80 天,最少的年份是 1997 年,为 2.97 天;暴雨日数最多的年份是 1964 年,为 2.75 天,最少的年份是 1966 年,为 1.43 天;连阴雨频次发生连阴雨最多的年份为 2003 年,为 4.50 次,最少的年份为 2015 年,为 1.60 次。连阴雨单次最大过程雨量出现在 1963 年,达到 145.5 mm;单次连阴雨持续日数最多的年份是 2013 年,达到 43 天,其次为 1976 年,达到 40 天,最少为 1997 年,为 9 天。就变化趋势的显著性而言,降水日数、连阴雨频次和连阴雨持续日数分别通过了 0.05 信度检验,减少趋势显著。

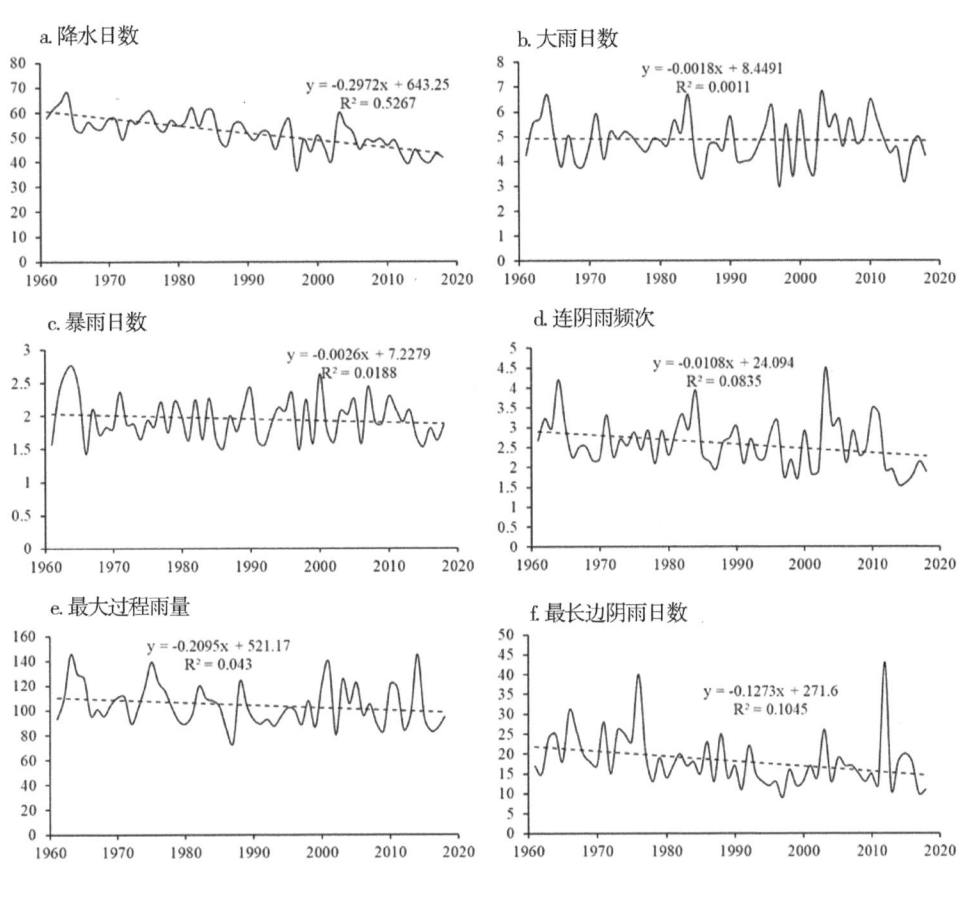

图 6-3 1961—2018 年夏玉米生育期极端降水变化趋势

6.2.3 干旱事件的时间变化趋势

图 6-4 为 1961—2018 年基于月尺度和年尺度的南北过渡带干旱事件的年际变化趋势。月尺度和年尺度干旱频次均呈下降趋势,从月尺度来看,1966 年的干旱频次最多,达到 7.63 次,2003 年的干旱频次最少,仅为 0.74 次;从年尺度来看,干旱频次较多的年份为 1966 年、1978 年和 2002 年,干旱频次较多的年份为 1964 年和 1985 年,1990 年和 1999 年均未发生过干旱事件。就变化趋势的显著性而言,月尺度干旱频次和年尺度干旱频次分别通过了 0.01 和 0.001 的信度检验,表明两种尺度的干旱频次减少趋势显著。

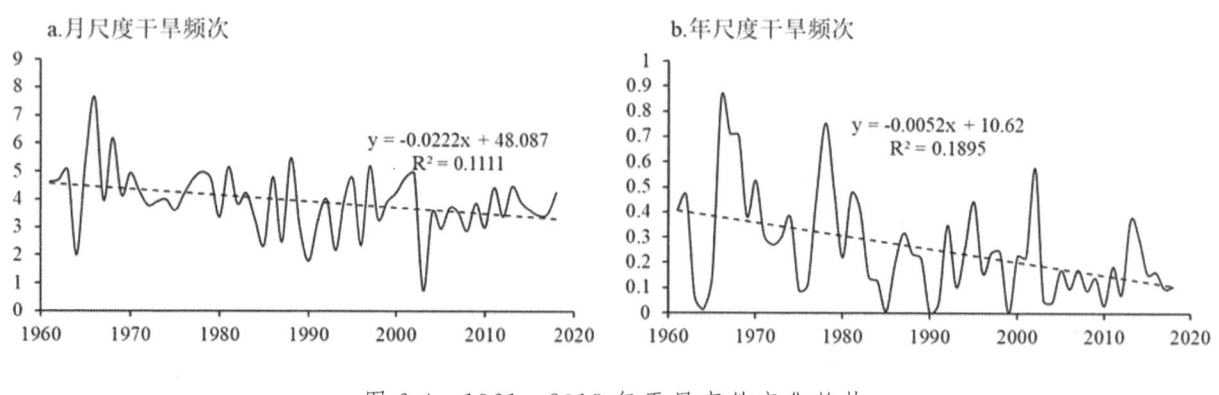

图 6-4　1961—2018 年干旱事件变化趋势

6.3 南北过渡带主要气象灾害变化趋势空间分布

为进一步探明南北过渡带受主要气象灾害的扰动情况,在分析整体时间序列趋势性的基础上分析了南北过渡带各气象站点极端降水和干旱频次变化趋势的空间分布情况,以发现与南北过渡带气象灾害整体变化趋势不一致的复杂区域,为识别南北过渡带农业生产的脆弱区提供依据。

6.3.1 冬小麦生育期极端降水时间变化趋势的空间分布

就冬小麦生育期南北过渡带各站点极端降水的变化趋势而言,山东西北部、河北东南部、山西南部和河南北部的大部分站点的降水日数呈下降趋势,河南南部和甘肃南部部分站点的降水日数呈上升趋势,但上升和下降趋势均不显著。大部分站点的大雨日数呈上升趋势,上升趋势显著的站点主要分布河南、陕西和甘肃,少量呈显著下降趋势的站点在南北过渡带内各省零星分布。

暴雨日数呈上升趋势的站点超过呈下降趋势的站点,其中陕西中部、河南西部和中部的站点呈显著上升趋势,山西南部、河南北部和山东东南部的站点呈显著下降趋势。连阴雨频次在南北过渡带内大部分区域呈下降趋势,其中陕西中部、山西南部和河南中西部区域仅个别站点呈上升趋势,其余站点均呈下降趋势。连阴雨最大过程雨量在河北、陕西、山西、江苏和安徽的大部分站点呈下降趋势,在甘肃南部、河南中东部和山东南部呈上升趋势,但上升和下降趋势均不显著。南北过渡带连阴雨最长持续日数呈下降趋势的站点超过呈上升趋势的站点,就区域而言,甘肃南部仅 1 个站点呈下降趋势,其余站点均呈上升趋势,其他省份仅有 2 至 4 个站点呈上升趋势。降水日数、大雨日数和暴雨日数呈上升趋势的站点与典型区域在空间上吻合度较高,表明典型区域冬小麦生育期内存在极端降水的灾害扰动(图 6-5)。

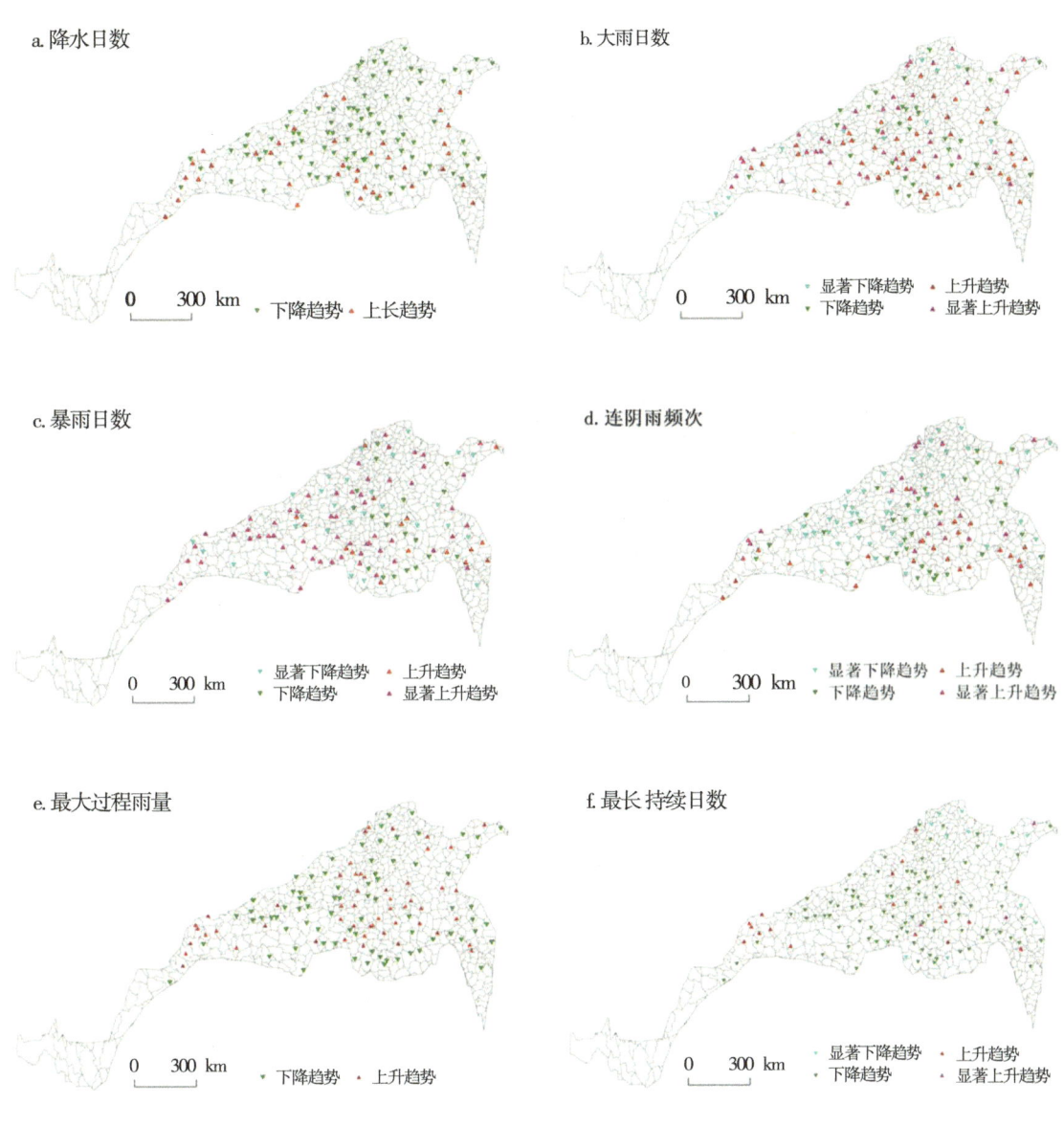

图 6-5 冬小麦生育期极端降水变化趋势的空间分布

6.3.2 夏玉米生育期极端降水时间变化趋势的空间分布

夏玉米生育期南北过渡带所有站点的降水日数呈下降趋势,这与降水日数总体的时间变化趋势高度一致,表明南北过渡带夏玉米生育期内的降水减少,但减少趋势均不显著。山东、江苏和山西的大雨日数呈下降趋势,甘肃的大雨日数呈上升趋势,其余各区域各站点大雨日数的变化有升有降,仅三门峡和武都2个站点呈显著上升趋势,沁阳和济宁呈显著下降趋势。

暴雨日数呈上升趋势的站点主要集中在陕西中部和河南西南部,呈下降趋势的站点主要集中在河北东南部和河南西北部,陕西境内所有呈上升趋势的站点变化均较为显著,河南境内只有4个站点上升趋势较为显著。河北、山东和河南北部的站点连阴雨日数呈显著下降趋势,陕西中部、山西南部和河南西部的部分站点呈上升趋势,但变化趋势不显著。

河北、山东东部和河南中北部的大部分站点连阴雨最大过程雨量呈下降趋势,河南西部和陕西中部的站点主要呈上升趋势,但上升和下降趋势均不显著。南北过渡带夏玉米生长期内大部分站点的连阴雨最长持续日数呈下降趋势,山东、甘肃、河南、四川和湖北仅各有1个站点呈上升趋势。连阴雨最长持续日数呈显著下降趋势的站点主要分布在河北东南部、山东西北部和河南北部。大雨日数、暴雨日数、连阴雨频次和连阴雨最大过程雨量呈上升趋势的站点与典型区域在空间上吻合度较高,表明典型区域夏玉米生育期内同样存在极端降水的灾害扰动(图6-6)。

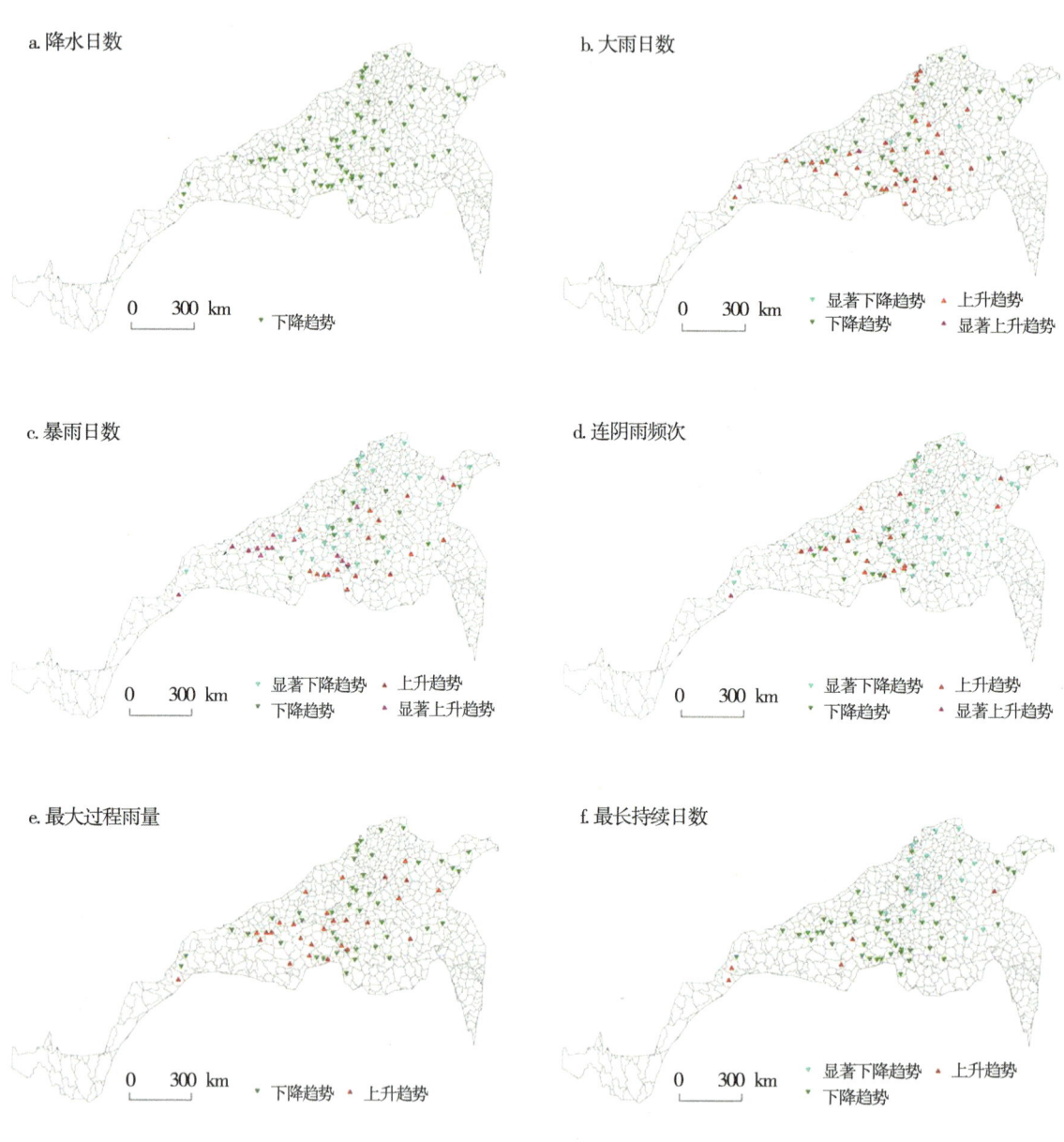

图6-6 夏玉米生育期极端降水变化趋势的空间分布

6.3.3 南北过渡带干旱时间变化趋势的空间分布

对照《气象干旱等级划分标准》确定南北过渡带内各气象站点的干旱等级并统计月尺度和

年尺度轻旱、中旱、重旱和特旱的总频次,绘制南北过渡带干旱事件时间变化趋势的空间分布图,观察各气象站点1961—2018年的变化趋势。就月尺度干旱变化趋势而言,南北过渡带东段和中段河北、山东、河南、安徽和山西的大部分站点的干旱频次呈显著下降趋势,陕西中南部和江苏东南部的干旱频次呈上升趋势,其中陕西境内呈现显著上升的站点最多。就年尺度干旱变化趋势而言,干旱频次呈显著下降趋势的站点主要集中在河北、安徽、山东、河南和江苏,呈显著上升趋势的站点主要分布在山东东南部、江苏东南部、山西南部和甘肃陕西交界处。月尺度干旱和年尺度干旱呈上升趋势的站点与典型区域在空间上存在重叠的区域,表明南北过渡带典型区域的冬小麦和夏玉米均受到不同尺度的干旱灾害扰动(图6-7)。

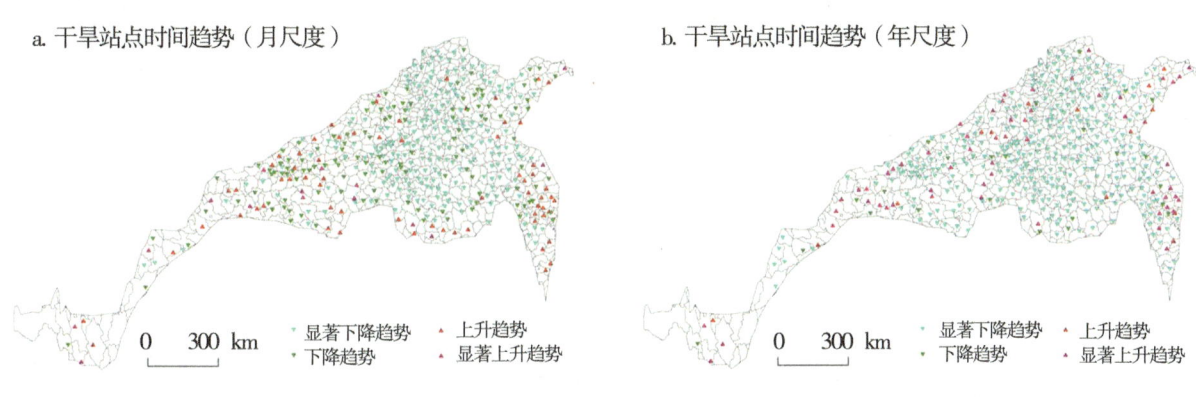

图6-7 干旱时间变化趋势的空间分布

6.4 南北过渡带主要气象灾害空间分布特征

6.4.1 冬小麦生育期极端降水的空间分布

图6-8显示了冬小麦生育期极端降水各指标的空间分布特征,降水日数最多的区域主要集中在江苏东南部,安徽的寿县、长丰、霍邱和六安,河南的罗山、新县、商城和固始,山东的烟台、牟平、文登、高密和安丘,甘肃的礼县、天水和徽县,山西南部洪洞等。降水日数较多的区域主要集中在山东中部、河北南部、陕西南部和东南部,降水日数中等、较少和最少的区域主要集中在江苏西北部、安徽北部、河南中北部和陕西南部,降水日数呈现出自中心向外围逐渐增加的趋势,其中河南的禹州和汝州是降水日数的低值中心。降水日数最多的达到88.74天,最少的仅为26.15天,表明南北过渡带冬小麦生育期内的降水分布不均,差异较大。

冬小麦生育期大雨日数呈现出自东南向西北递减的空间分布特征,大雨日数最多的区域集中在南北过渡带东段的南部,涉及江苏南部、安徽西部和河南南部,其次为江苏北部、安徽北部和河南中南部,大雨日数中等的区域主要集中在山东东南部、河南中部和湖北西北部,大雨日数最少的区域为甘肃南部和四川中部。大雨日数最多的为4.68天,最少的为0.05天。

冬小麦生育期暴雨日数总体的空间分布特征与大雨日数相似,呈现出自东南向西北递减的空间分布特征,这与中国降水的空间分布特征较为一致。暴雨日数最多的区域为河南南部的罗山、信阳、商城和固始,较多的区域为江苏中南部、安徽西部和河南中南部,暴雨日数中等和较低的区域主要为江苏北部、山东中南部及河南中东部,暴雨日数最少的区域为山东北部、河北和山西的东北部、陕西中南部、甘肃南部和四川中部。暴雨日数最多的为0.97天,最少的为0.02天。

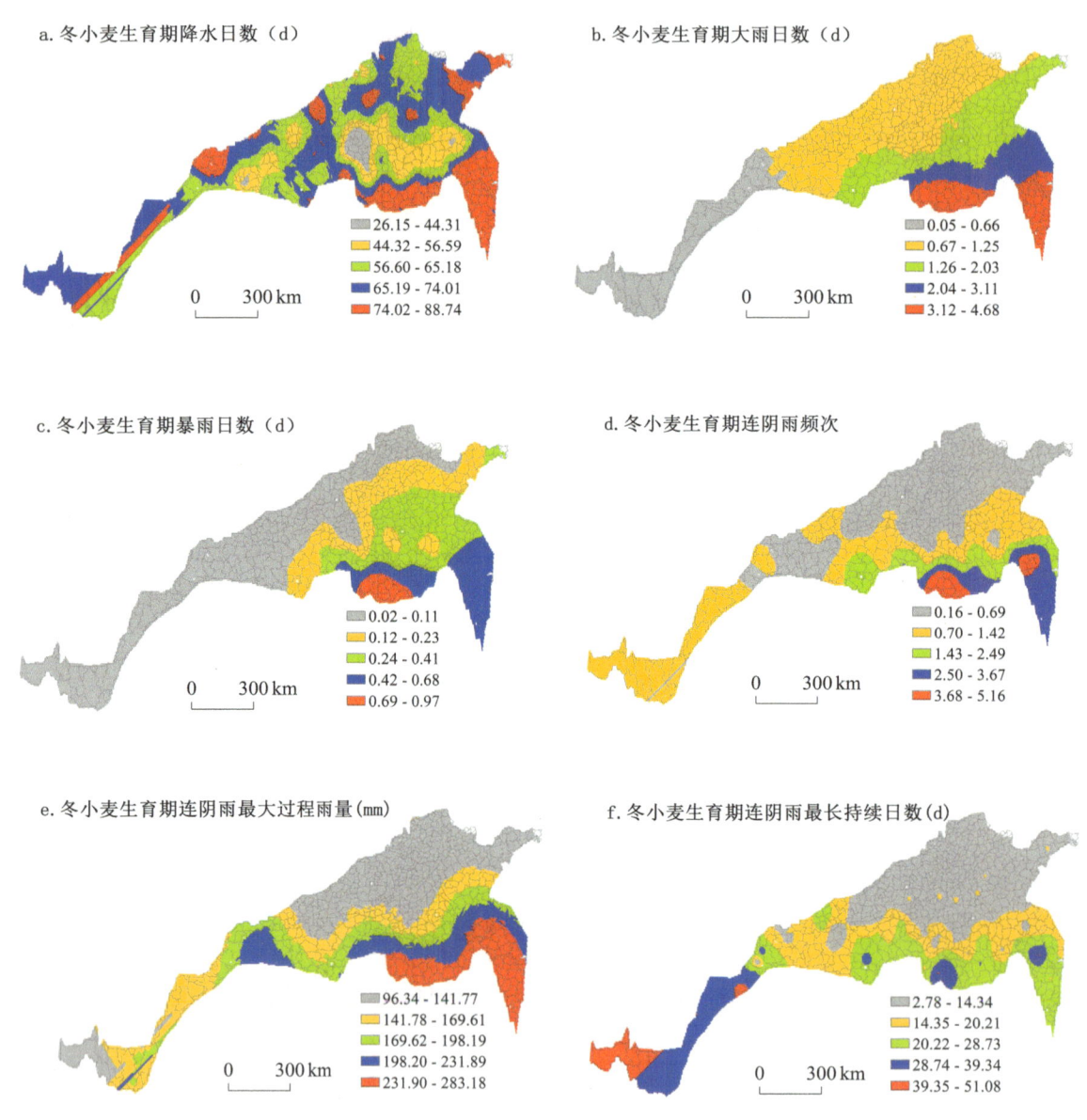

图6-8 冬小麦生育期极端降水空间分布

冬小麦生育期连阴雨高发的区域主要集中在江苏的高邮和河南的信阳、罗山、商城、新县等地,连阴雨较高发的区域位于江苏中南部和安徽西部,连阴雨频次中等和较低的区域集中在江苏北部、安徽北部、山东南部、河南中西部、陕西南部及四川中部,最少的区域为山东东北部、河北东南部、山西南部、河南中北部和陕西西南部,连阴雨日数最多为5.16天,最少的区域为

0.16 天。

冬小麦生育期连阴雨最大过程雨量的高值区集中在江苏西南部、安徽中部及河南南部,较高值的区域主要集中在江苏和安徽东北部、河南中南部,中等和较低区域主要集中在山东南部、安徽北部、陕西中南部、河北西北部及甘肃南部,低值区主要集中在山东东北部、河北东南部、山西南部、河南北部和陕西中部,连阴雨最大过程雨量最多为 283.18 mm,最少的区域为 96.34 mm。

冬小麦生育期连阴雨最长持续日数的高值区位于西藏东部,较高的区域位于江苏的高邮、河南的信阳、商城和湖北的郧西,中等和较低的区域集中在江苏和安徽中北部、河南西南部和陕西中南部,最低的区域位于山东、河北东南部、山西东南部和河南东北部。连阴雨最大过程雨量最多日数为 51.08 天,最少日数为 2.78 天。

6.4.2 夏玉米生育期极端降水的空间分布

图 6-9 显示了夏玉米生育期极端降水各指标的空间分布特征,降水日数最多和较多的区域主要集中在四川中部和甘肃南部,在陕西南部的丹凤和安康、河南的卢氏也有零星分布。降水日数中等的区域主要集中在陕西南部、河南西部及湖北西北部,降水日数较少的区域主要集中山东东南部、江苏西北部、山西南部、河南南部和西北部及陕西中部,降水日数最少的区域集中在山东西北部、河北东南部、河南中北部和陕西东中部。降水日数最多的区域达到 96.51 天,最少的区域仅为 39.32 天,表明南北过渡带夏玉米生育期内降水分布的差异较大。

夏玉米生育期大雨日数总体呈现出自东南向西北递减的空间分布特征,大雨日数最多的区域集中在南北过渡带东段的东南部,涉及江苏南部、安徽北部、河南南部和山东南部;其次为山东东北部、陕西东南部、湖北西北部、河北东部和河南东南部;大雨日数中等和较少的区域主要集中在河北、山西和陕西的东南部、河南西北部和四川中部,大雨日数最少的区域为山西西南部、陕西中部和甘肃南部。大雨日数最多的日数为 6.99 天,最少为 2.00 天。

夏玉米生育期暴雨日数最多的区域为江苏南部、安徽北部、河南南部和山东南部,较多的区域为河南东部、山东中部、河北东部和东部,暴雨日数中等和较少的区域主要集中在河北东南部、山东西北部、山西东南部、陕西的南部、河南西北部和四川中部,暴雨日数最少的区域为山西西南部、陕西中部和甘肃南部。暴雨日数最多的区域为 2.70 天,最少的区域为 1.14 天。

夏玉米连阴雨高发的区域主要集中在江苏的西北部、山东南部、河南西南部和湖北西北部,连阴雨较高发的区域位于江苏东南部、安徽东部、河南东部、山东东北和西南部、陕西西南和东南部,连阴雨频次中等的区域集中在山东中部、安徽西北部、陕西中南部、河南东南部和甘肃西南部,连阴雨较少和最少的区域为河北东南部、山西东南部、陕西中部和四川中部,连阴雨日数最多为 3.16 天,最少日数为 2.05 天。

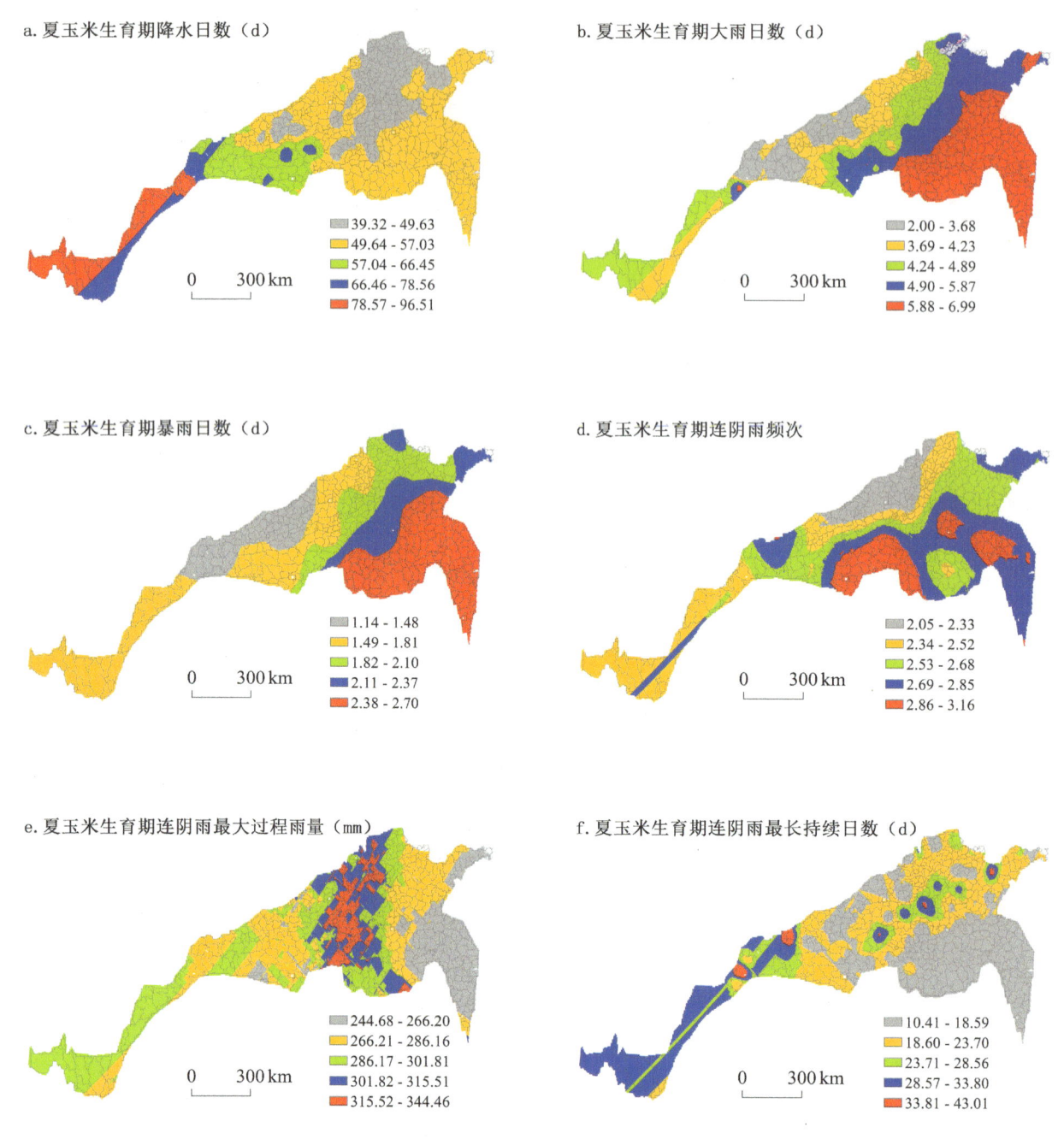

图 6-9 夏玉米生育期极端降水空间分布

夏玉米生育期连阴雨最大过程雨量呈现出以高值区为中心向两侧递减的空间分布特征。最大过程雨量的高值区和较高区域集中在南北过渡带的中段,包括河北东南部、河南中北部和安徽西部;中等和较低区域覆盖了山东东北部、安徽西北部、陕西中南部、甘肃南部及四川中部,低值区主要集中在江苏西北部、山东东南沿海和安徽东北部,连阴雨最大过程雨量最多为 344.46 mm,最少的为 244.68 mm。

夏玉米生育期连阴雨最长持续日数的在南北过渡带的东、中、西段均有高值区的中心,空间分布特征为以各高值区为中心向周边环状递减。位于东段的高值和次高值区域分布在山东潍坊、泰安、聊城和菏泽,位于中段的高值和次高值区域分布在河南的栾川、濮阳和新乡,位于西段的高值和次高值区域分布在陕西的凤翔、宝鸡和四川的文县。中等和较低的区域分布在各高值区的外围,主要包括山东东南部和中部、河北东南部、山西东南部、陕西中南部和河南西北部,最低值的区域主要集中在江苏西北部、安徽北部和河南东南部,在山东、河北、山西和陕西也有零星分布。连阴雨最大过程雨量最多日数为 43.01 天,最少的为 10.41 天。

6.4.3 基于 SPEI$_1$ 尺度的干旱频次空间分布

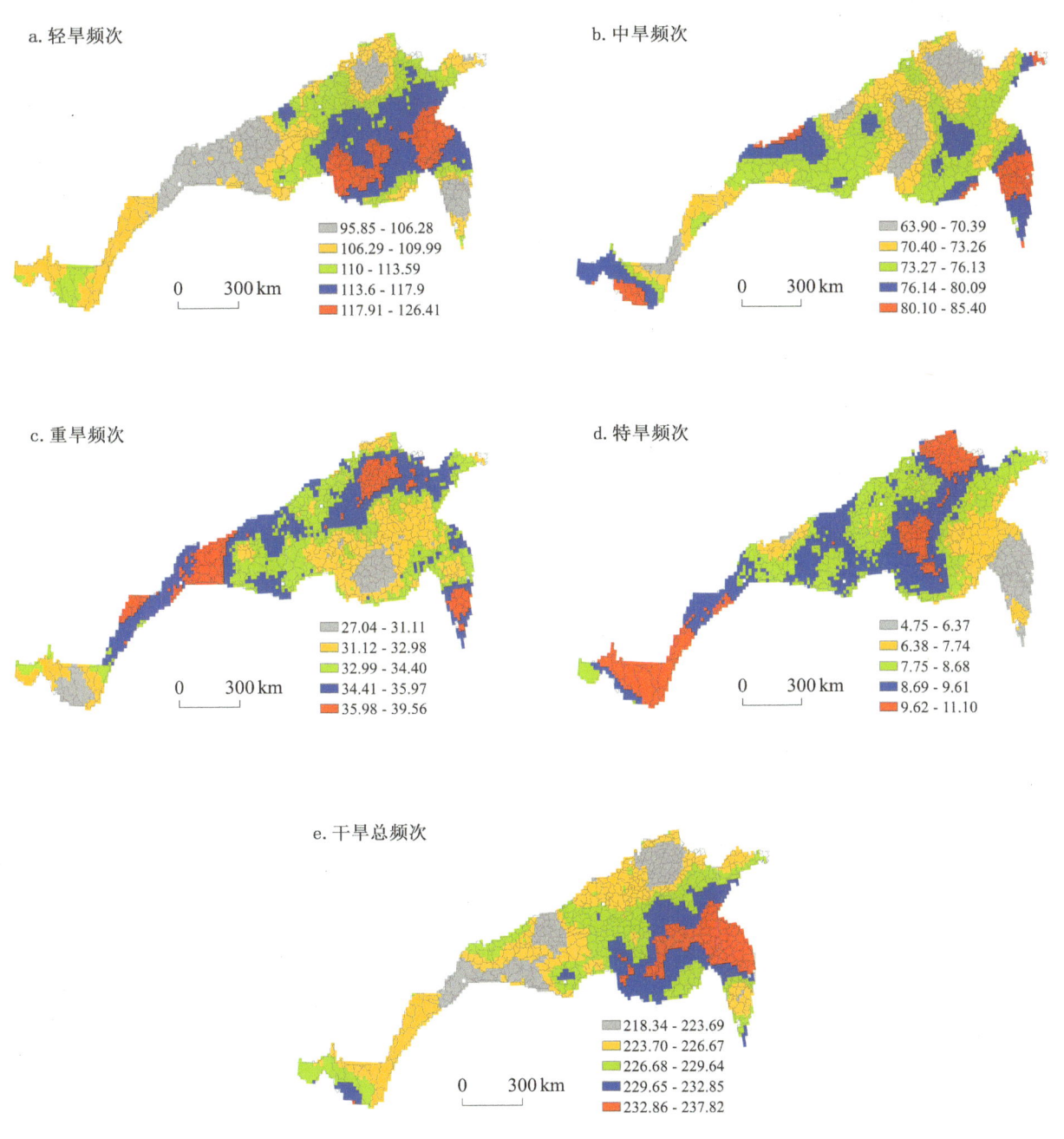

图 6-10 基于 SPEI$_1$ 尺度的干旱频次空间分布

图 6-10 为南北过渡带基于 SPEI1 尺度的干旱频次空间分布图。轻旱频次的高值区主要集中在江苏东北部和河南东南部,次高值区主要分布在江苏中部、山东南部、安徽东北部和河

南中部,中等和较少的区域主要集中在山东北部、山西东南部、河南西部、安徽中部、四川中部及湖北西北部,轻旱频次最少的区域集中在陕西中南部和甘肃南部。轻旱频次最多的区域达到126.41次,最少的区域达到95.85次。

中旱频次的高值区和次高值区主要集中在江苏中部、安徽中部、陕西中西部、云南北部和山东、安徽、江苏三省交界处,中等和较少的区域覆盖山东东南部、河南西北部、江苏东北部、河北东南部、山西东南部、安徽中部、陕西东南部、四川中部及湖北西北部,中旱频次最少的区域集中在山东东北部和河南中部。中旱频次最多的区域达到85.40次,最少的区域达到63.90次。

重旱频次的高值区主要集中在江苏南部、山东西北部、陕西西南部和四川中部,次高值区主要分布在山东东北部、河南北部和陕西中部,中等和较少的区域主要集中在江苏西北部、安徽东北部、山东南部、河南中部、山西东南部和陕西中南部,重旱频次最少的区域集中在安徽西北部、云南北部和河南东南部。重旱频次最多的区域达到39.56次,最少的区域达到27.04次。

特旱频次的高值区主要集中在山东东北部、河北东南部、河南东部和四川中部,次高值区和中等区域主要分布在山东东南部、河北西南、山西东南部、陕西中南部和河南西中部,较少的区域主要集中在江苏东北部、安徽东北部和陕西西南部。特旱频次最多的区域达到11.10次,最少的区域达到4.75次。

干旱总频次的高值区主要集中在江苏东北部、河南东南部和安徽北部,次高值区和中等区域主要分布在安徽重部、河南中部、陕西西南部,干旱总频次较低和最低的区域主要集中在山东东北部、河北东南部、山西东南部、陕西中南部、河南西部及四川中部。干旱总频次最多的区域达到237.82次,最少的区域达到218.34次。

6.4.4 基于$SPEI_{12}$尺度的干旱频次空间分布

图6-11为南北过渡带基于$SPEI_{12}$尺度的干旱频次空间分布图。轻旱频次的高值区和次高值区主要集中在河北东部、山西东南部、山东东北部和陕西东南部,中等和较少的区域覆盖河南全境、江苏北部、山东西北部、河北东南部、四川中部及湖北西北部,轻旱频次最少的区域集中在江苏南部、山东中南部和安徽西北部。轻旱频次最多的区域达到14.14次,最少的区域达到5.81次。

中旱频次的高值区和次高值区主要集中在山东东南部、河南东部、江苏南部、安徽西北部、陕西西南部和四川中部,中等和较少的区域主要集中在江苏中部、安徽东北部、山东东北部、河北西南部、山西东南部和陕西中部,中旱频次最少的区域集中在山东西部、江苏北部和河北东南部。中旱频次最多的区域达到6.68次,最少的区域达到1.93次。

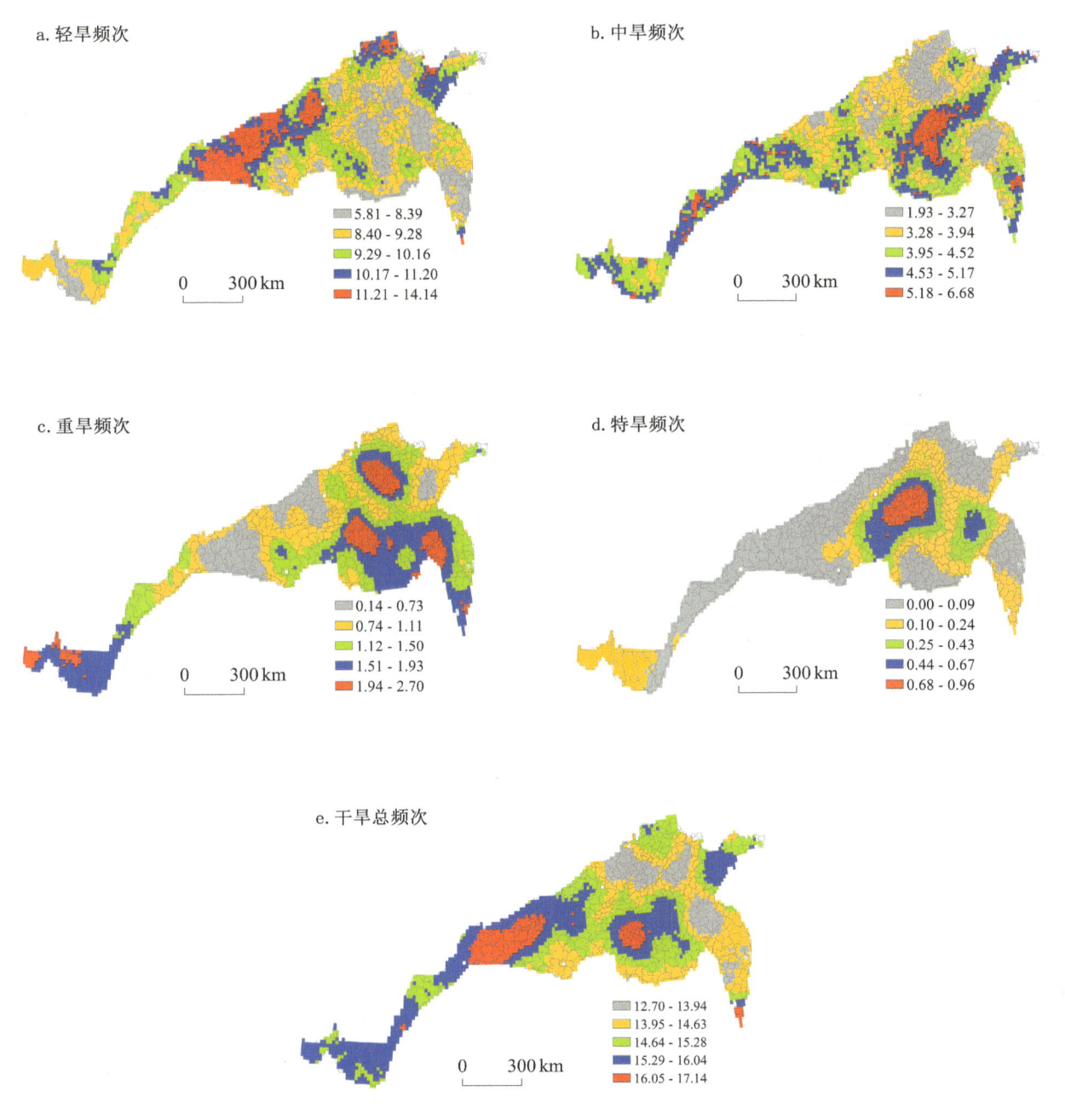

图 6-11 基于 SPEI$_{12}$ 尺度的干旱频次空间分布

重旱频次的高值区和次高值区主要集中在江苏西北部、河南东南部、山东西部、河北南部和云南北部，中等和较少的区域主要集中在江苏东北部、山东东南部、河北东南部、河南西北部、山西东南部、四川中部和陕西东南部，重旱频次最少的区域集中在山东中部、山西中部和陕西西南部。重旱频次最多的区域达到 2.70 次，最少的区域达到 0.14 次。

特旱频次的高值区和次高值区主要集中在河南东北部和江苏东北部，中等和较少的区域主要集中在山东西南部、安徽北部、河北南部、陕西南部、河南西部和陕西东南部，特旱频次最少的区域集中在陕西中南部、江苏东部、山东北部、山西东南部、甘肃南部和四川中部。特旱频次最多的区域达到 0.96 次，最少的区域未发生过特旱气候事件。

干旱总频次的高值区和次高值区主要集中在河南中东部、陕西东南部、山东东南部和四川中部,中等和较少的区域主要集中在山东中部、江苏东部、安徽北部、河南西北部、河北东南部、山西东南部和河北西北部,干旱总频次最少的区域集中在江苏西北部、山东中部及河北南部。干旱总频次最多的区域达到 0.30 次,最少的区域达到 0.22 次。

6.5 本章小结

(1)气候变化下南北过渡带农业生产受到极端降水和干旱等气象灾害不同程度的扰动。就总体随时间变化趋势而言,南北过渡带农业生产面临的极端降水和干旱胁迫程度在减轻。但就局部而言,南北过渡带各站点随时间变化的趋势与总体趋势不完全一致,呈现出有升有降的变化。其中,冬小麦生育期降水日数、大雨日数和暴雨日数、夏玉米生育期大雨日数、暴雨日数、连阴雨频次和最大过程雨量呈上升趋势的站点分布具有高度的一致性,主要集中在河南中南部、甘肃南部和陕西中部。月尺度的干旱变化呈上升趋势的站点主要集中在陕西中南部和江苏东南部,年尺度的干旱变化呈上升趋势的站点主要集中山东东南部、江苏东南部、山西南部和甘肃陕西交界处。这些呈上升趋势的站点与南北过渡带典型区域在空间上存在不同程度的重叠,表明典型区域不仅是气候变化下理论上的潜在风险区,也遭受着实际的气象灾害扰动。

(2)就空间分布特征而言,在冬小麦生育期极端降水高发的区域为江苏东南部、中北部、安徽中部及河南南部。夏玉米生育期降水日数最多区域主要集中在四川中部和甘肃南部,大雨日数、暴雨日数和连阴雨频次高发区主要集中江苏、河南西南部和山东南部,连阴雨最大过程雨量的高值区集中河北东南部、河南中北部和安徽西部,连阴雨持续日数最长的区域在南北过渡带的东、中、西段均有高值区的中心。从南北过渡带基于 $SPEI_1$ 尺度的干旱频次空间分布状况来看,轻旱频次的高值区主要集中在江苏东北部和河南东南部,中旱频次的高值区主要集中在江苏中部、安徽中部、陕西中西部,重旱频次的高值区主要集中在江苏南部、山东西北部、陕西西南部和四川中部,特旱频次的高值区主要集中在河北东南部、河南东部和四川中部,干旱总频次的高值区主要集中在江苏东北部、河南东南部和安徽北部。从南北过渡带基于 $SPEI_{12}$ 尺度的干旱频次空间分布状况来看,轻旱频次的高值区主要集中在山西东南部和陕西东南部,中旱频次的高值区主要集中在河南东部、安徽西北部,重旱频次的高值区主要集中在江苏西北部、河南东南部、山东西部、河北南部,特旱频次的高值区主要集中在河南东北部,干旱总频次的高值区主要集中在河南中东部、陕西东南部。这些南北过渡带极端降水和干旱扰动的高值区与典型区域在空间上有不同程度的重叠,表明南北过渡带典型区域的农业生产不仅遭受气象灾害扰动的程度较高,还同时遭受多种气象灾害的胁迫。

第7章 基于人地耦合系统的南北过渡带农业生产脆弱性

第5章对比了历史时期和RCPs情景下的中国南北过渡带,划分了南北过渡带动态变化过程中的不同类型,从理论层面上识别了气候变化下南北过渡带的潜在风险区作为农业生产脆弱性研究的典型区域。第6章从气候变化对南北过渡带农业生产扰动的角度,以冬小麦和夏玉米为扰动对象,分析了极端降水和干旱两种气象灾害的时间变化趋势和空间分布特征,发现南北过渡带总体上极端降水和干旱呈少发的趋势,但局部的变化趋势与总体不一致,部分灾害指标呈上升趋势的站点与典型区域在空间上存在不同程度的重合,气象灾害的空间分布状况也表明典型区域不仅遭受气象灾害扰动的程度较高且同时受多种气象灾害扰动的胁迫,因此以典型区域为研究对象,分析南北过渡带农业生产脆弱性十分必要。本章将构建基于人地耦合系统的南北过渡带农业生产脆弱性评价框架,分析南北过渡带未来气候变化的典型区域在综合考虑自然扰动、人文-社会系统相互作用下的农业生产脆弱性。本章试图回答以下几个问题:第一,在气象灾害自然扰动状态下,南北过渡带未来气候变化典型区域的农业生产脆弱性如何?第二,加入暴露性、敏感性和适应性等人文-社会系统的因素后,南北过渡带未来气候变化典型区域的农业生产脆弱性将会如何改变?第三,哪里是南北过渡带农业生产脆弱区?导致该区域脆弱性的主导因子是什么,应该如何提高适应能力?

7.1 研究方法

(1) 克里金插值

克里金插值方法的实质是利用区域化变量的原始数据和变异函数的结构特点,对未采样点的区域化变量的取值进行线性无偏、最优估计的处理方法。其公式为:

$$Z_v^*(x) = \sum_{i=1}^{n} \lambda_i Z(x_i) \tag{7-1}$$

式(8-1)中,i 为实测点,n 为研究区域内实测点的个数,$Z(x_i)$ 为研究区域内 i 点的测量值,λ_i 为权重系数,$Z_v^*(x)$ 为实测值 $Z(x_i)$ 的克里金估计量。

(2) 熵权灰色关联模型

熵权灰色关联模型是一种客观赋值法,根据各指标值的变异程度,利用熵来计算各指标的熵权,进而对所有指标进行加权并得出评价结果。本研究运用该模型分别计算农业气象灾害胁迫、暴露度、敏感性、和适应能力指标的权重及关联系数,进而通过加权求和法求取灾害敏感性、暴露度和适应能力指数的分值。计算公式为:

$$RI = \sum_{j=1}^{3} W_{rj} X_{rij} \quad SI = \sum_{j=1}^{3} W_{sj} X_{sij} \quad EI = \sum_{i=1}^{3} W_{ej} X_{eij} \quad AI = \sum_{i=1}^{5} W_{aj} X_{aij} \quad (7\text{-}2)$$

式中:RI、SI、EI、AI 分别为灾害胁迫、暴露度、敏感性和适应能力指数的分值,W_{rj}、W_{sj}、W_{ej}、W_{aj} 分别为灾害胁迫、暴露度、敏感性和适应能力各指标的权重;X_{rij}、X_{sij}、X_{eij}、X_{aij} 分别为灾害胁迫、暴露度、敏感性和适应能力各指标的关联系数。

(3) 农业生产脆弱性评价模型

脆弱性评价指标综合计算的表达方式一般包括乘除法(宋永永等,2016;梁碧琦等,2018)和加减法(李亚男等,2018;苗红等,2020)。本研究主要计算在不同农业灾害敏感性和暴露等级下,灾害适应发挥作用后的灾害脆弱性,强调各指标对于灾害脆弱性的正向或负向的作用关系,因此采用加减法计算典型区域主要农业气象灾害脆弱性的分值。公式如下:

$$D = RI + SI + EI - AI \quad (7\text{-}3)$$

式中:D 为灾害脆弱性指数;RI,SI,EI,AI 分别表示灾害胁迫、暴露度、敏感性和适应能力指数的分值。

7.2 基于人地耦合系统的农业生产脆弱性框架

气候变化往往综合作用于自然和社会经济系统,因而其脆弱性带有综合交叉的特征。根据人地耦合系统脆弱性的概念内涵及其评价指标体系建构原则,脆弱性由暴露度、敏感性和适应能力共同构成。为了便于对比自然灾害扰动和加入人文社会因素后的农业生产脆弱性,将自然灾害的危险性指标独立出来,从灾害危险性、暴露度、敏感性和灾害适应能力 4 个方面选取评价指标,构建"灾害胁迫—暴露度—敏感性—适应能力"的南北过渡带农业生产脆弱性评价框架(表 7-1)。各维度指标构成、含义如下:

(1) 灾害胁迫。灾害胁迫是典型区域发生极端降水和干旱等农业气象灾害的可能性及异常程度,主要由主要农业气象灾害的活动频次和强度决定。

①极端降水胁迫:用雨日、大雨日、暴雨日和连阴雨频次代表各地区灾害的活动频次,用连阴雨最长持续日数和连阴雨最大过程雨量代表各地区灾害发生的强度,从多维度来表征各地区遭受极端降水气象灾害的胁迫程度。

②干旱胁迫：用 $SPEI_1$ 和 $SPEI_{12}$ 两种尺度下轻旱、中旱、重旱、特旱及干旱发生总频次来共同表征各地区遭受农业气象灾害的胁迫程度。

（2）暴露度。暴露度是指可能受到农业气象灾害不利影响的人员、农作物、位置和环境。

①冬小麦暴露：用各地区冬小麦播种面积来表征可能受农业气象灾害影响的冬小麦种植规模，用农业人口比重来表征各地区可能受灾害影响的人员数量，两者共同测度各地区冬小麦受农业气象灾害的暴露度。

②夏玉米暴露：用各地区夏玉米播种面积来表征可能受农业气象灾害影响的夏玉米种植规模，用农业人口比重来表征各地区可能受灾害影响的人员数量，两者共同测度各地区夏玉米受农业气象灾害的暴露度。

（3）敏感性。农业气象灾害敏感性是典型区域发生农业气象灾害时可能会增强灾害影响的因素，主要由承灾体自身的特征所导致，本研究用单位面积产量和劳动力性别比来共同表征各地区遭受农业气象灾害时增加或降低灾害损失的程度。

（4）适应性。适应能力是对实际或预期的农业气象灾害及其影响进行调整和响应的能力，这种响应可减轻风险，达到趋利避害的目的。

①极端降水适应能力：用农村人均可支配收入来表征需要增强抗灾能力时的家庭经济投入能力，用单位面积农业机械总动力表征极端降水发生时机械排灌、收割、运输的能力，用农村劳动力人口比重表征极端降水发生且无法使用机械时人力排灌、收割、运输的能力，用万人农村用电量表征采用农业机械抗灾的水平。

②干旱适应能力：用农村人均可支配收入来表征需要增强抗旱能力时的家庭经济投入能力，用单位面积农业机械总动力表征干旱发生时机械灌溉的能力，用农村劳动力人口比重表征干旱发生且无法使用机械时人力灌溉的能力，用万人农村用电量表征采用农业机械抗旱的水平，用人均农林水事务支出来表征需要增强抗旱能力时的政府经济投入水平。

表 7-1 极端降水灾害脆弱性评价

目标层	准则层	指标层	冬小麦权重	夏玉米权重	指标含义
极端降水脆弱性分析	灾害胁迫	雨日	0.1777	0.1711	日降水量≥1 mm的日数
		大雨日	0.1801	0.1642	日降水量25 mm～50 mm的极端降水频次
		暴雨日数	0.1381	0.1652	日降水量超过50 mm的极端降水发生频次
		连阴雨频次	0.1491	0.1751	易遭受灾害的危险性程度
		最大过程雨量	0.1802	0.1701	遭受灾害的强烈程度
		最长持续日数	0.1748	0.1544	连阴雨持续的极端程度
	暴露性	农业人口比重	0.4655	0.5186	可能受到灾害威胁的农业人口
		播种面积占比	0.5345	0.4814	可能受到灾害威胁的农作物面积
	敏感性	单位面积产量	0.6250	0.5926	可能受灾害影响的农作物生产能力
		劳动力性别比	0.3750	0.4074	男性劳动力与女性劳动力的比值
	适应性	农村人均可支配收入	0.2842	0.2842	增强抗灾能力的家庭经济投入能力
		农业机械总动力	0.2277	0.2277	机械排灌、收割和运输的能力
		万人农村用电量	0.2047	0.2047	采用农业机械抗灾的水平
		农村劳动力人口比重	0.2834	0.2834	人力排灌、收割、晾晒、运输的能力

基于人地耦合系统的基本理论，结合农业生产脆弱性的研究目标，提出可能导致南北过渡带农业生产脆弱性的不同类型，探讨不同类型和时间尺度下灾害胁迫、暴露度、敏感性和适应性反映自然和人文社会系统耦合下农业生产脆弱性的变化情况：(1)灾害胁迫程度较低，但农业生产的暴露度高、敏感性高、对抗灾害的适应能力低所导致的脆弱性。此类区域虽然遭受灾害扰动的频次和强度相对较小，但长期以来相对稳定的农业气候状态可能造成区域内农户对灾害的感知不敏感、适应能力欠缺，一旦发生灾害，灾害防范和应对能力不足将会导致甚至放大此类区域农业生产脆弱性。(2)灾害胁迫程度高，农业生产暴露度高、敏感性高，三者相互作用，共同导致的脆弱性。此类区域遭受灾害扰动的频次多、强度大，且农作物种植面积大，受灾害胁迫的人口多，灾害的感知能力和灾害防范应对能力虽强，但仍避免不了农业生产脆弱性的产生。(3)由高灾害胁迫程度和农业生产高暴露程度共同导致的脆弱性。对于南北过渡带农业生产而言，灾害胁迫程度高，农作物种植面积大，从事农业生产的人口多的区域，往往也是农业生产的高脆弱区。由灾害胁迫、暴露度、敏感性和适应能力的耦合作用所导致的脆弱性的可能性不是只有以上3种，各维度因素之间的相互作用将会有不同的脆弱性可能，本研究将南北过渡带农业生产的脆弱性进一步细分为极端降水扰动下冬小麦、夏玉米的脆弱性分析，基于 $SPEI_1$ 和 $SPEI_{12}$ 两种尺度下的干旱扰动下冬小麦、夏玉米的脆弱性分析，分析评价结果如表 7-2 和表 7-3 所示。

表 7-2　冬小麦干旱灾害脆弱性评价

目标层	准则层	指标层	SPEI$_1$权重	SPEI$_{12}$权重	指标含义
干旱脆弱性分析	灾害胁迫	轻旱频次	0.2067	0.2671	$-1.0<$SPEI≤-0.5 的干旱频次
		中旱频次	0.2089	0.2314	$-1.5<$SPEI≤-1.0 的干旱频次
		重旱频次	0.1961	0.1508	$-2.0<$SPEI≤-1.5 的干旱频次
		特旱频次	0.1775	0.0643	SPEI≤-2.0
		总频次	0.2108	0.2864	各干旱等级的总次数
	暴露度	农业人口比重	0.4655	0.4655	可能受到灾害威胁的农业人口
		冬小麦播种面积占比	0.5345	0.5345	可能受到灾害威胁的冬小麦面积
	敏感性	冬小麦单位面积产量	0.6250	0.6250	可能受灾害影响的冬小麦生产能力
		劳动力性别比	0.3750	0.3750	男性劳动力与女性劳动力的比值
	适应性	农村人均可支配收入	0.2345	0.2345	增强灾害适应能力的经济投入能力
		农业机械总动力	0.1800	0.1800	灾害发生时机械灌溉的能力
		万人农村用电量	0.1616	0.1616	采用农业机械抗灾的水平
		农村劳动力人口比重	0.2434	0.2434	无法用机械时,人力灌溉的能力
		人均农林水事务支出	0.1804	0.1804	增强抗旱能力的政府经济投入能力

表 7-3　夏玉米干旱灾害脆弱性评价

目标层	准则层	指标层	SPEI$_1$权重	SPEI$_{12}$权重	指标含义
干旱脆弱性分析	灾害胁迫	轻旱频次	0.2067	0.2671	$-1.0<$SPEI≤-0.5 的干旱频次
		中旱频次	0.2089	0.2314	$-1.5<$SPEI≤-1.0 的干旱频次
		重旱频次	0.1961	0.1508	$-2.0<$SPEI≤-1.5 的干旱频次
		特旱频次	0.1775	0.0643	SPEI≤-2.0
		总频次	0.2108	0.2864	各干旱等级的总次数
	暴露度	农业人口比重	0.5186	0.5186	可能受到灾害威胁的农业人口
		夏玉米播种面积占比	0.4814	0.4814	可能受到灾害威胁的夏玉米面积
	敏感性	夏玉米单位面积产量	0.5926	0.5926	可能受灾害影响的冬小麦生产能力
		劳动力性别比	0.4074	0.4074	男性劳动力与女性劳动力的比值
	适应性	农村人均可支配收入	0.2345	0.2345	增强灾害适应能力的经济投入能力
		农业机械总动力	0.1800	0.1800	灾害发生时机械灌溉的能力
		万人农村用电量	0.1616	0.1616	采用农业机械抗灾的水平
		农村劳动力人口比重	0.2434	0.2434	无法用机械时,人力灌溉的能力
		人均农林水事务支出	0.1804	0.1804	增强抗旱能力的政府经济投入能力

7.3 自然扰动下的典型区域农业生产胁迫

采用 ArcGIS 10.4 的分区统计功能,从南北过渡带极端降水和干旱的空间分布图中提取南北过渡带未来气候变化典型区域的极端降水和干旱各指标的数值。由各指标的数值及其权重求得典型区域的极端降水和干旱胁迫指数,利用自然间断点法将灾害胁迫分为 5 个等级(图 7-1)。结果显示:(1)典型区域冬小麦极端降水胁迫等级最高的区域是商南、西峡、栾川和嵩县,较高等级区域是山阳、丹凤、卢氏和洛宁,中等等级区域是商洛和洛南,较低等级的区域为徽县、灵宝、蓝田和柞水,胁迫等级最低的区域是潼关、宁陕、新密和禹州。(2)典型区域夏玉米极端降水胁迫等级最高的区域是栾川、西峡和潼关,较高等级区域是宁陕、商洛、丹凤和禹州,中等等级区域是山阳、卢氏、洛宁和徽县,较低等级的区域为洛南、商南和柞水,胁迫等级最低的区域是蓝田、灵宝和新密。(3)典型区域月尺度干旱胁迫等级最高的区域是禹州、灵宝和山阳,较高等级区域是西峡、洛宁和嵩县,中等等级区域是丹凤、洛南和柞水,较低等级的区域为徽县、宁陕、蓝田、卢氏和栾川,胁迫等级最低的区域是潼关、商洛和商南。(4)典型区域年尺度干旱胁迫等级最高的区域是禹州、栾川、洛宁和山阳,较高等级区域是灵宝和商南,中等等级区域是卢氏、蓝田和柞水,较低等级的区域为商洛、宁陕、西峡、嵩县和潼关,胁迫等级最低的区域是洛南和丹凤。从空间分布来看,典型区域冬小麦和夏玉米极端降水胁迫等级存在空间上的集聚特征,主要集中在秦岭、伏牛山一带,表明该区域地形降水效应显著。干旱胁迫等级较高的区域在空间上较为分散,但山阳、禹州、洛宁和灵宝都易遭受较严重的干旱。

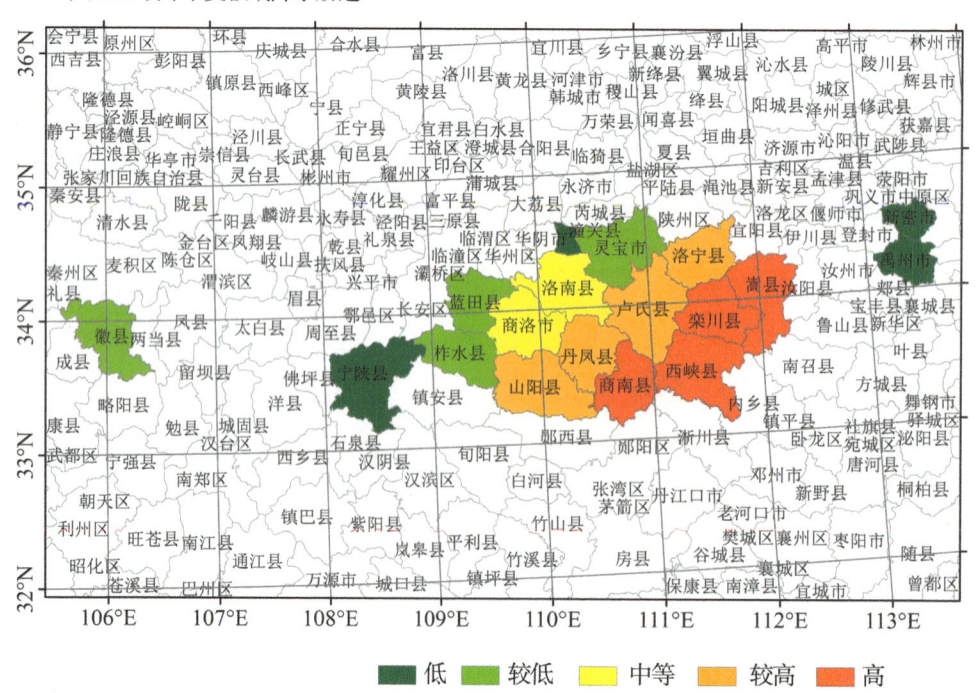

第 7 章　基于人地耦合系统的南北过渡带农业生产脆弱性

b. 典型区域夏玉米极端降水胁迫

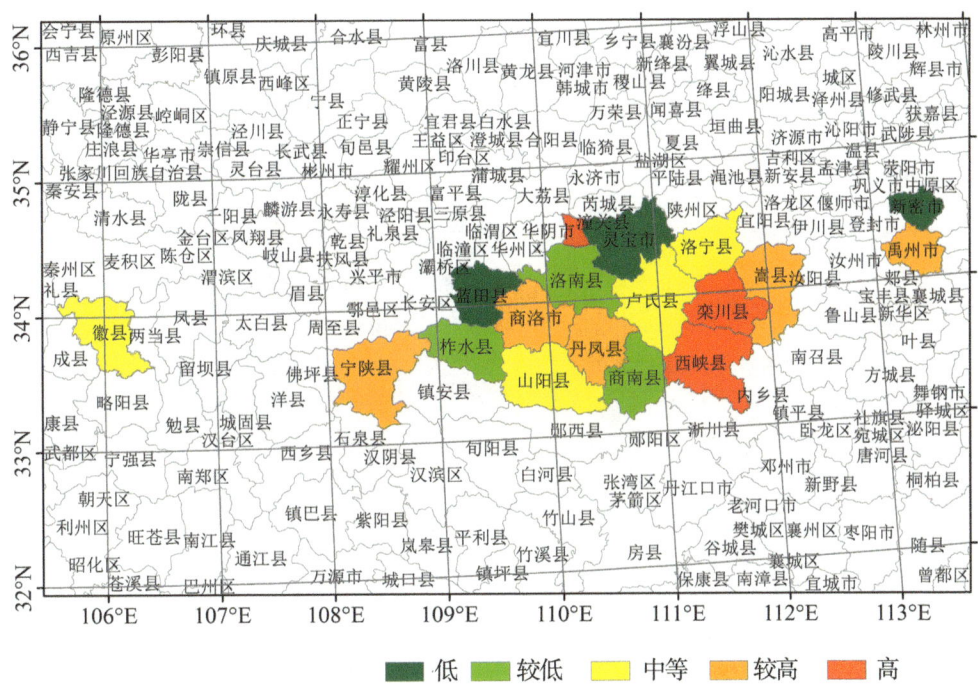

c. 典型区域月尺度干旱胁迫

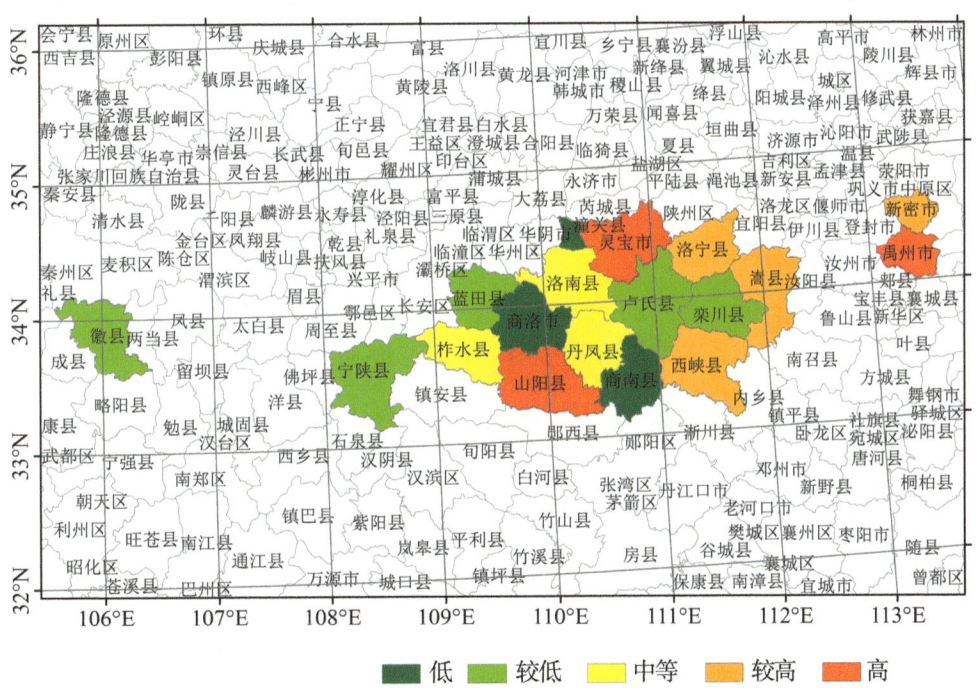

d. 典型区域年尺度干旱胁迫

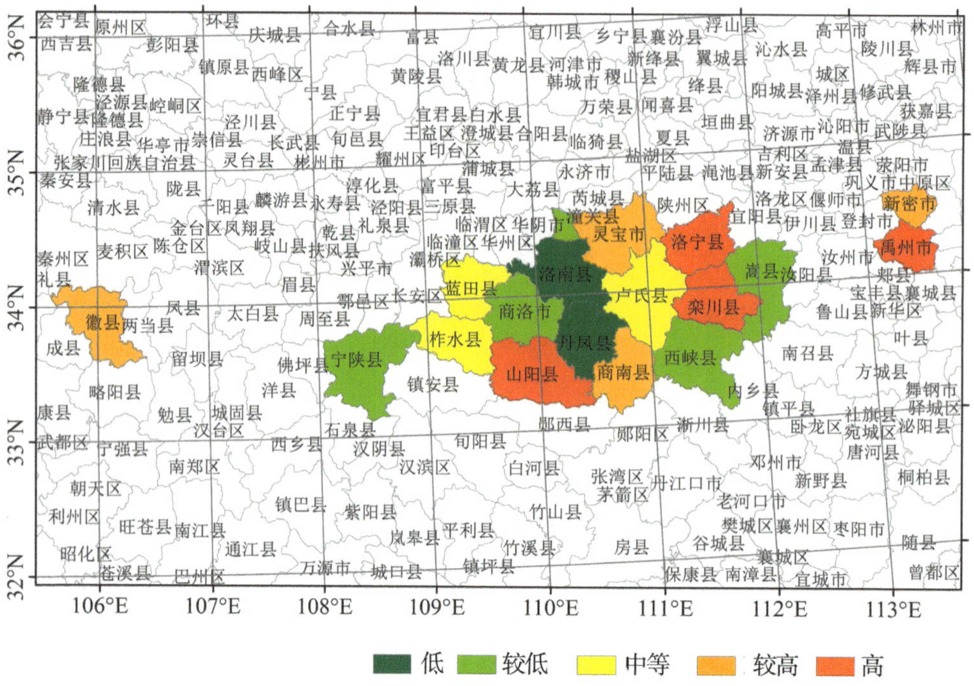

图 7-1 自然扰动下的典型区域农业生产胁迫

7.4 基于人地耦合系统的农业生产脆弱性

7.4.1 暴露度

(1) 冬小麦农业生产暴露度

冬小麦极端降水和干旱的暴露等级主要用冬小麦播种面积和农业人口比重的权重对相应指标数值进行加权,得到暴露等级分值,分为 5 个等级(图 7-2a)。典型区域冬小麦极端降水暴露等级最高的区域是蓝田县,较高等级区域是潼关、灵宝、洛宁、嵩县、新密和禹州,中等等级区域是徽县、卢氏、西峡、商洛和柞水,较低等级的区域为山阳和丹凤,暴露等级最低的区域是宁陕、栾川、洛南和商南。蓝田县的暴露度高为冬小麦播种面积大,农业人口比重大所导致,嵩县和洛宁、灵宝、潼关和新密的高暴露度分别为农业人口比重大和播种面积大所导致。

(2) 夏玉米农业生产暴露度

夏玉米极端降水和干旱的暴露等级主要用夏玉米播种面积和农业人口比重的权重对相应指标数值进行加权,得到暴露等级分值,分为 5 个等级(图 7-2b)。典型区域冬小麦极端降水暴露等级最高的区域是徽县、蓝田县和商洛,较高等级区域是宁陕、柞水、洛南、灵宝、嵩县和新密,中等等级区域是潼关、栾川和禹州,较低等级的区域为洛宁,暴露等级最低的区域是卢氏、丹凤、山阳、西峡和商南。其中,蓝田县农业人口比重较大是暴露程度较高的主要原因,徽县和商洛的高暴露等级则是由夏玉米播种面积大和农业人口比重大所共同导致。

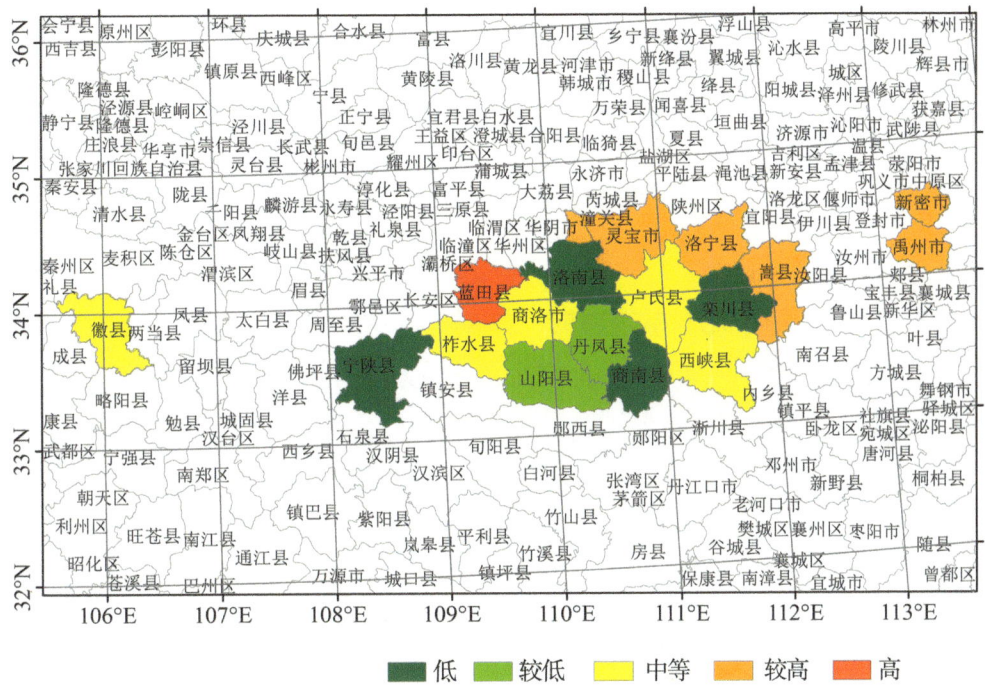

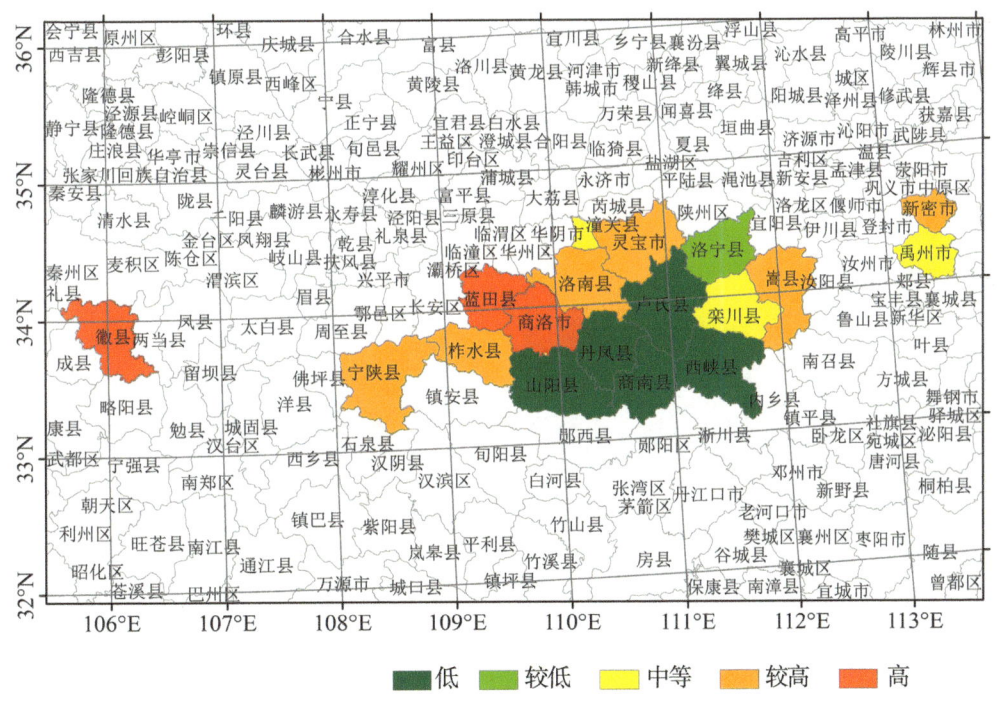

图 7-2 典型区域农业生产暴露度

7.4.2 敏感性

(1) 冬小麦农业生产敏感性

冬小麦极端降水的敏感性等级主要用冬小麦单位面积产量和劳动力性别比的权重对相应

指标数值进行加权,得到敏感性分值,分为 5 个等级(图 7-3a)。典型区域冬小麦极端降水敏感性等级最高的区域是禹州,较高等级区域是徽县、柞水、灵宝、商洛、商南和新密,中等等级区域是山阳、卢氏、洛宁、嵩县、栾川和西峡,较低等级的区域为洛南和丹凤,暴露等级最低的区域是宁陕和蓝田。禹州由于冬小麦单位面积产量比较高,一旦发生气象灾害,受影响的程度最大。男性劳动力的比重低将导致灾害防御和应对时劳动力的短缺,增加农业生产敏感性。

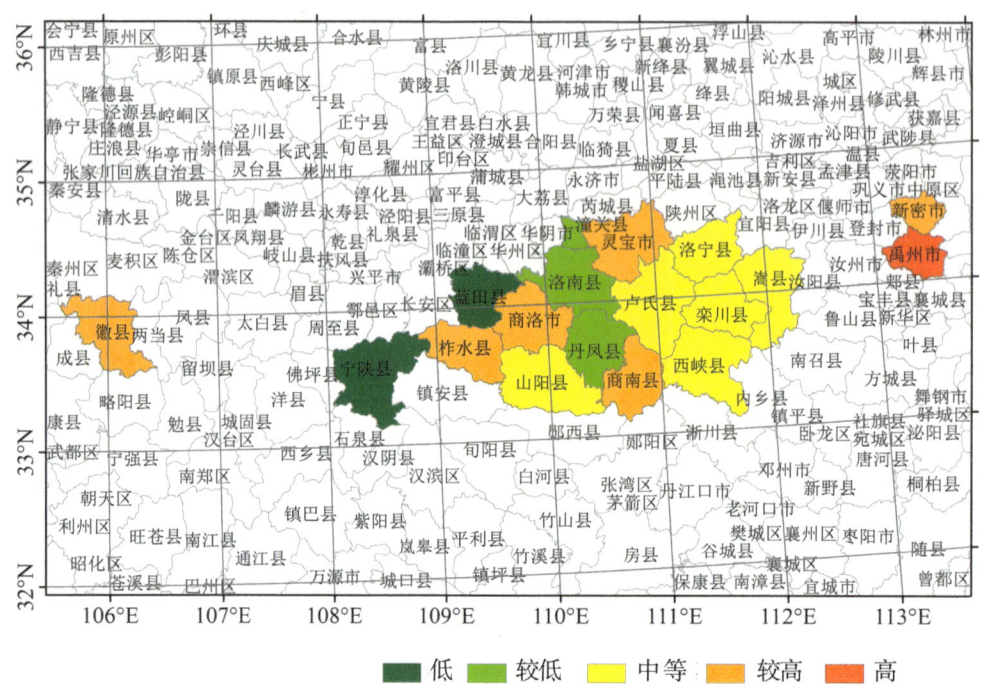

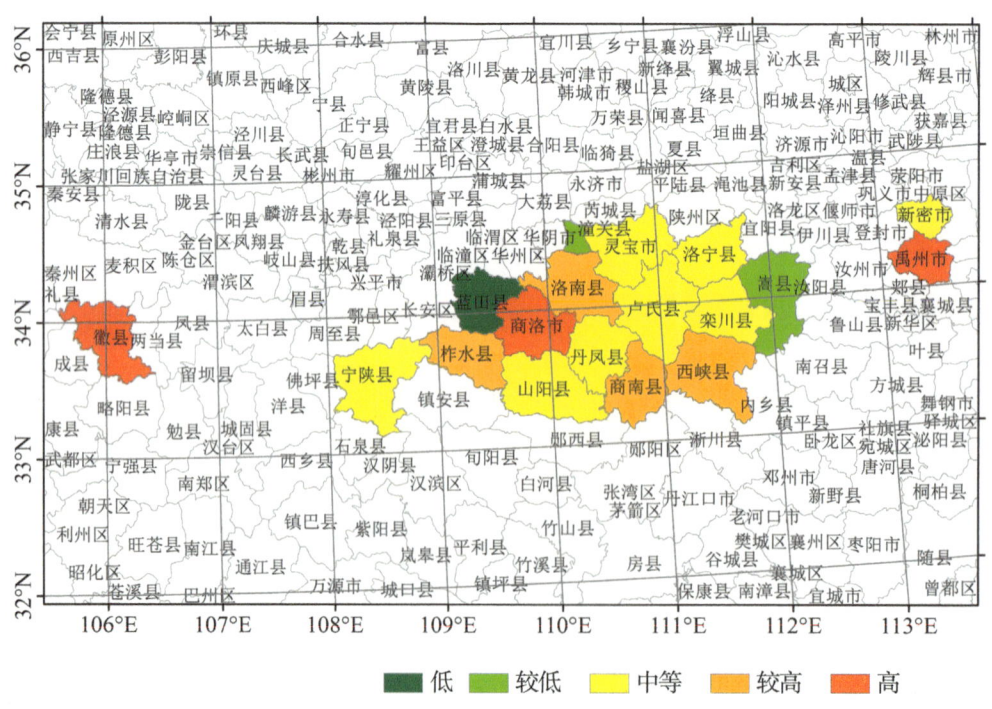

图 7-3 典型区域农业生产敏感性

（2）夏玉米农业生产敏感性

夏玉米极端降水的敏感性等级主要用夏玉米单位面积产量和劳动力性别比的权重对相应指标数值进行加权，得到敏感性分值，分为5个等级（图7-3b）。典型区域冬小麦极端降水敏感性等级最高的区域是徽县、商洛和禹州，较高等级区域是柞水、洛南、商南和西峡，中等等级区域是宁陕、卢氏、洛宁、栾川、丹凤、山阳、新密和灵宝，较低等级的区域为嵩县和潼关，暴露等级最低的区域是蓝田。

7.4.3 适应性

（1）冬小麦和夏玉米极端降水适应性

极端降水的适应等级主要用农村人均可支配收入、农业机械总动力、万人农村用电量和农村劳动力人口比重的权重对相应指标数值进行加权，得到适应等级分值，分为5个等级（图7-4a）。

冬小麦极端降水适应等级最高的区域是灵宝、栾川、西峡和新密，较高等级区域是宁陕、栾川和禹州，中等等级区域是蓝田、潼关和洛宁，较低等级的区域为徽县、洛南、丹凤和商南，暴露等级最低的区域是卢氏、柞水、商洛和山阳。其中，新密因地处郑州市，经济发展水平较高，农业基础设施较完善，农业机械化程度高，栾川因为农业机械化程度较高、农村劳动力资源较充足，因此均处于适应能力较高的等级。禹州因农村人均可支配收入较高，农村劳动力资源较充足，适应能力处于较高等级。

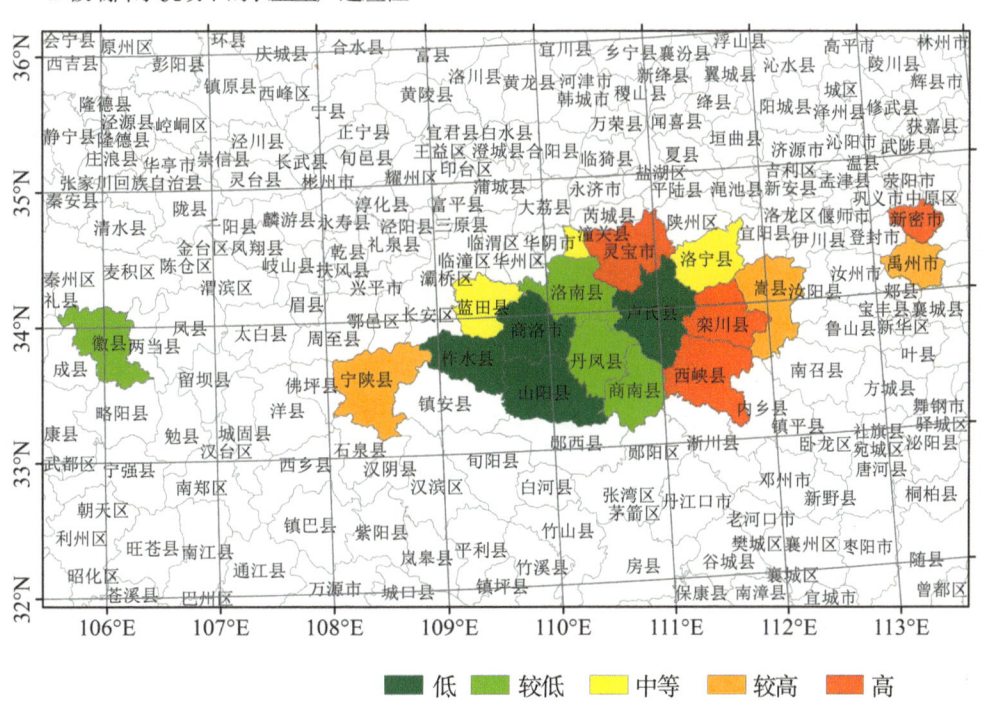

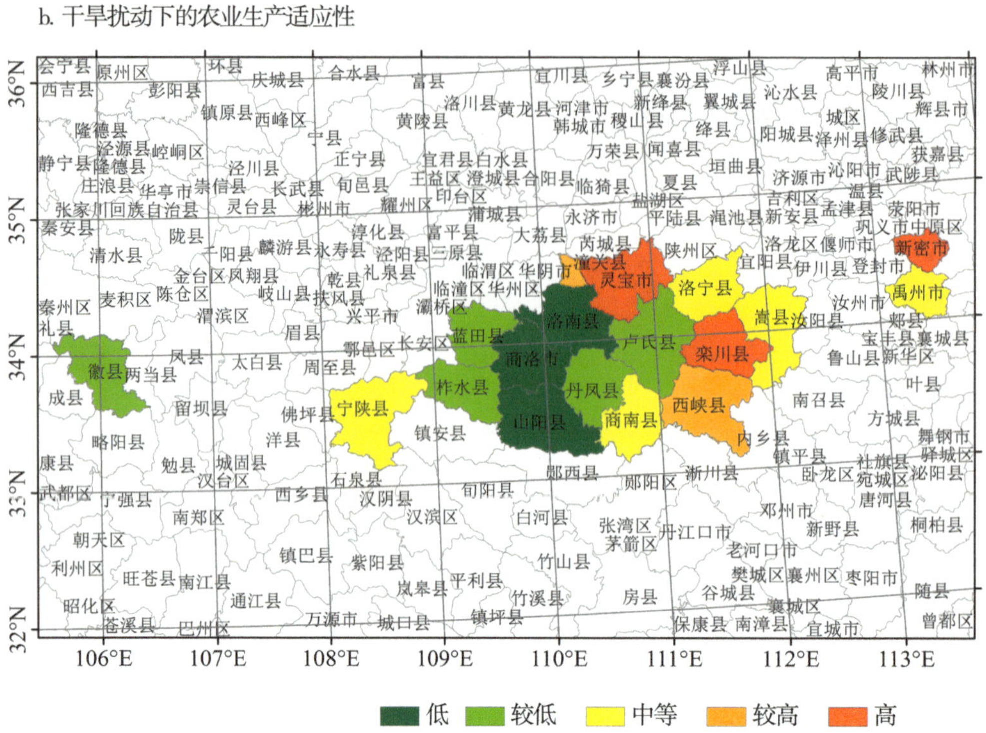

b. 干旱扰动下的农业生产适应性

图 7-4　典型区域农业生产适应性

（2）冬小麦和夏玉米干旱适应性

干旱适应等级主要用农村人均可支配收入、农业机械总动力、万人农村用电量、人均农林水事务支出和农村劳动力人口比重的权重对相应指标数值进行加权，得到适应等级分值，分为5个等级（图7-4b）。冬小麦干旱适应等级最高的区域是灵宝、栾川和新密，较高等级区域是西峡和潼关，中等等级区域是宁陕、商南、洛宁、嵩县和禹州，蓝田、潼关和洛宁，较低等级的区域为徽县、蓝天、柞水、丹凤和卢氏，适应等级最低的区域是洛南、商洛和山阳。

7.4.4 脆弱性

（1）冬小麦极端降水脆弱性

从灾害胁迫、暴露度、敏感性和适应性的维度对各地的脆弱性分值进行综合计算，得到冬小麦极端降水脆弱性等级分值，分为5个等级（图7-5a）。冬小麦极端降水脆弱性最高的区域为商洛、卢氏、洛宁和潼关；较高等级区域是徽县、柞水和嵩县，中等等级区域是蓝天、山阳和丹凤，较低等级的区域为灵宝、洛南、商南和西峡，脆弱性等级最低的区域是宁陕、栾川和新密。

（2）夏玉米极端降水脆弱性

从灾害胁迫、暴露度、敏感性和适应性的维度对各地的脆弱性分值进行综合计算，得到夏玉米极端降水脆弱性等级分值，分为5个等级（图7-5b）。冬小麦极端降水脆弱性最高的区域为商洛和徽县；较高等级区域是洛南、柞水和山阳，中等等级区域是宁陕、商南、洛宁、卢氏、禹州、嵩县、潼关和丹凤,较低等级的区域为蓝田、灵宝、栾川和西峡,脆弱性等级最低的区域是新密。

(3) 冬小麦干旱脆弱性

从灾害胁迫、暴露度、敏感性和适应性的维度对各地的脆弱性分值进行综合计算,得到冬小麦月尺度的干旱脆弱性等级分值,分为5个等级(图7-5c)。冬小麦干旱脆弱性最高的区域为徽县、蓝田、洛宁和禹州;较高等级区域是柞水、商洛、卢氏和嵩县,中等等级区域是洛南、山阳、商南和潼关,较低等级的区域为灵宝、丹凤、新密和西峡,脆弱性等级最低的区域是宁陕和栾川。

从灾害胁迫、暴露度、敏感性和适应性的维度对各地的脆弱性分值进行综合计算,得到冬小麦年尺度的干旱脆弱性等级分值,分为5个等级(图7-5e)。冬小麦干旱脆弱性最高的区域为徽县和商洛;较高等级区域是柞水、禹州和洛南,中等等级区域是宁陕、蓝田、山阳、丹凤、商南、卢氏、洛宁和嵩县,较低等级的区域为潼关和西峡,脆弱性等级最低的区域是灵宝、栾川和新密。

(4) 夏玉米干旱脆弱性

从灾害胁迫、暴露度、敏感性和适应性的维度对各地的脆弱性分值进行综合计算,得到夏玉米月尺度的干旱脆弱性等级分值,分为5个等级(图7-5d)。冬小麦干旱脆弱性最高的区域为徽县、蓝田、柞水、商洛、洛宁和禹州;较高等级区域是山阳和卢氏,中等等级区域是灵宝、丹凤、商南和嵩县,较低等级的区域为宁陕、西峡、洛南和新密,脆弱性等级最低的区域是栾川。

从灾害胁迫、暴露度、敏感性和适应性的维度对各地的脆弱性分值进行综合计算,得到夏玉米年尺度的干旱脆弱性等级分值,分为5个等级(图7-5f)。冬小麦干旱脆弱性最高的区域为徽县和商洛;较高等级区域是宁陕、柞水、山阳、洛宁和禹州,中等等级区域是蓝田、洛南、卢氏、丹凤和商南,较低等级的区域为灵宝、嵩县、潼关和西峡,脆弱性等级最低的区域是栾川和新密。

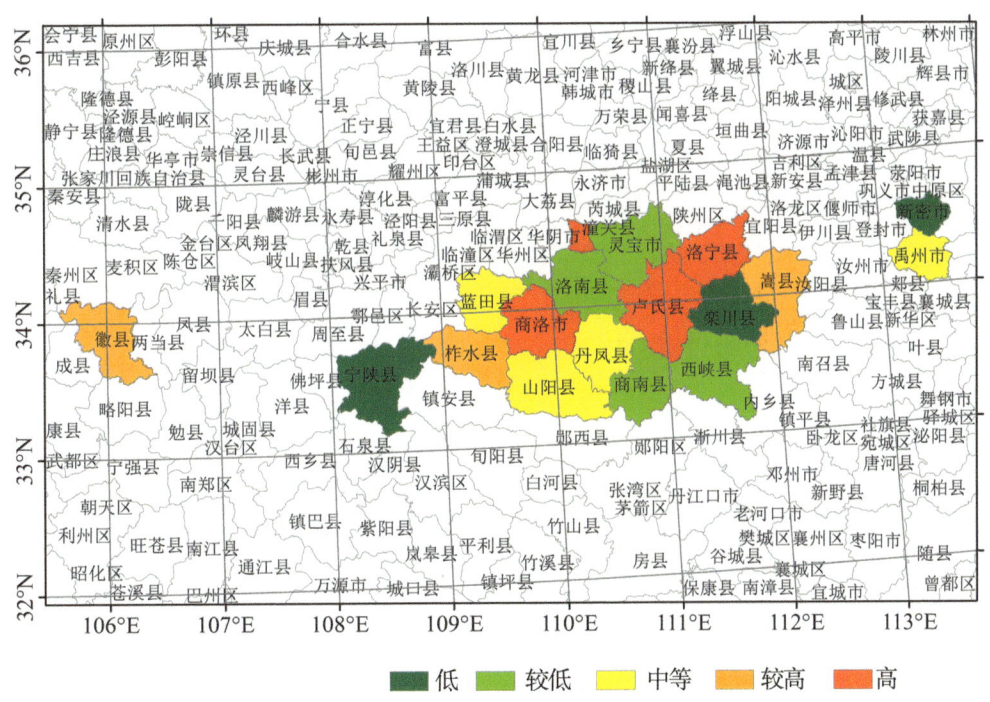

b. 夏玉米极端降水脆弱性

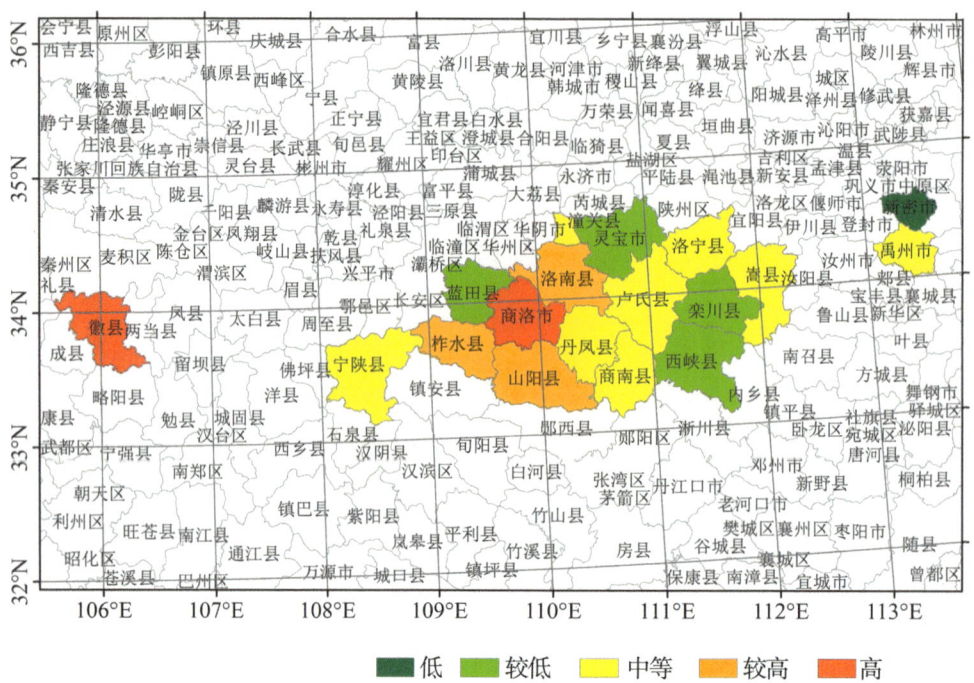

c. 冬小麦月尺度干旱脆弱性

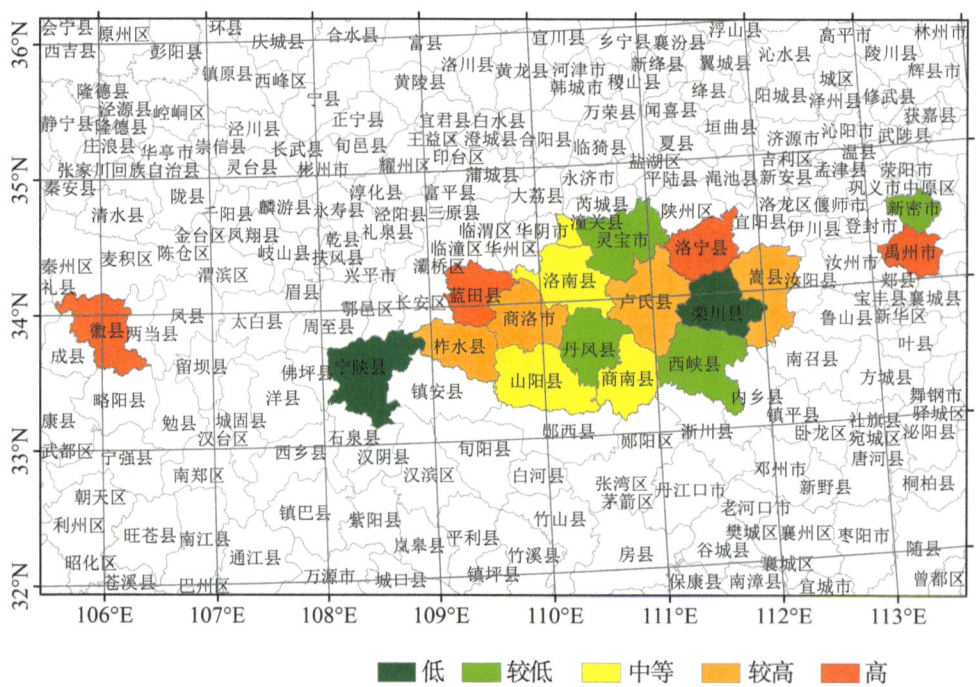

d. 夏玉米月尺度干旱脆弱性

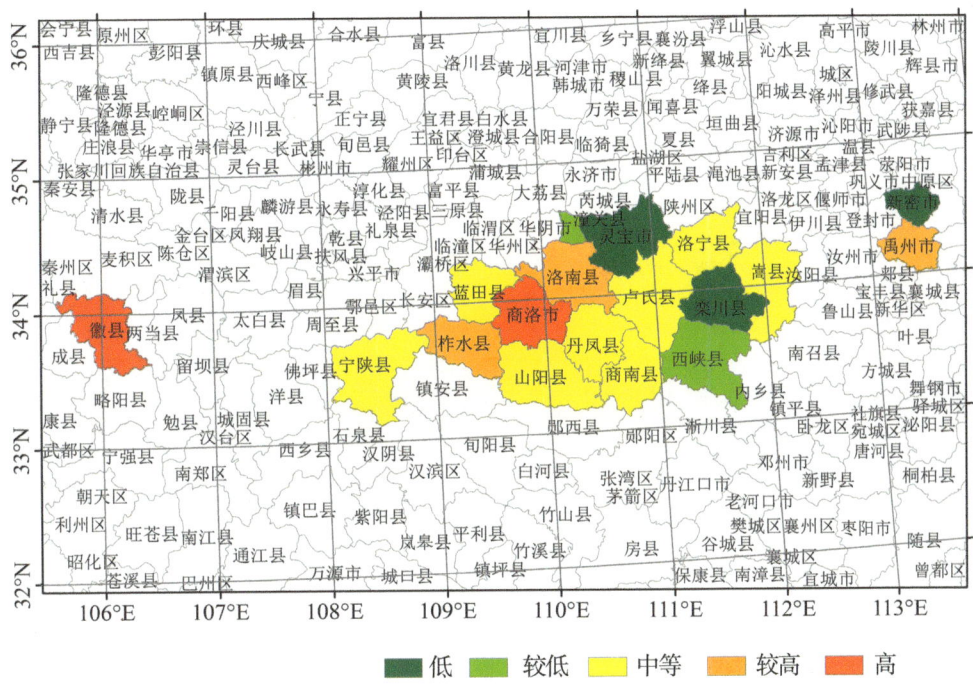

e. 冬小麦年尺度干旱脆弱性

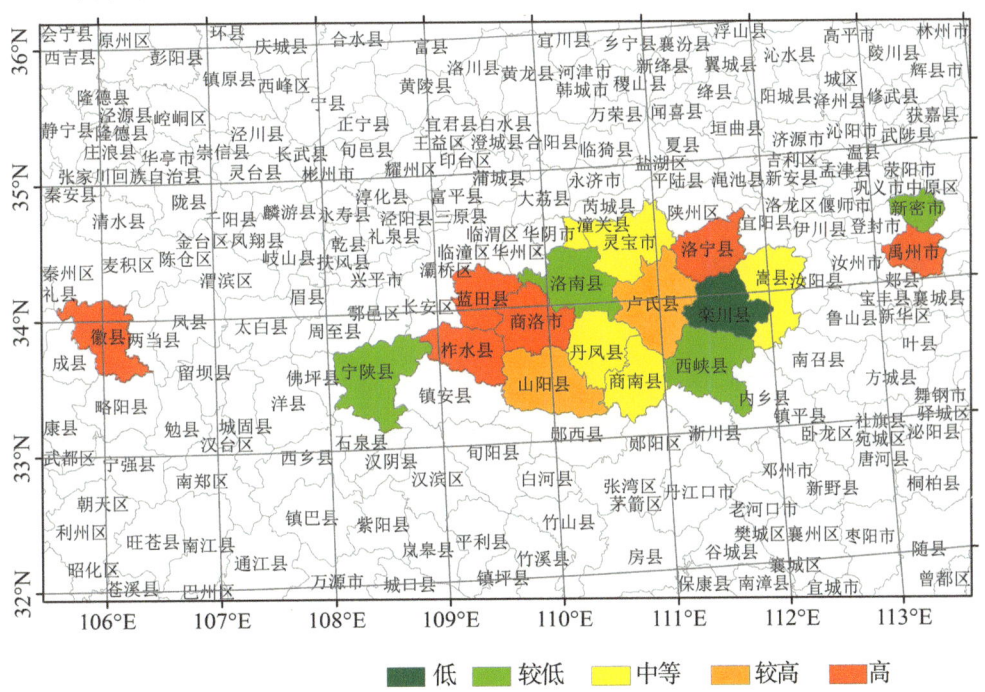

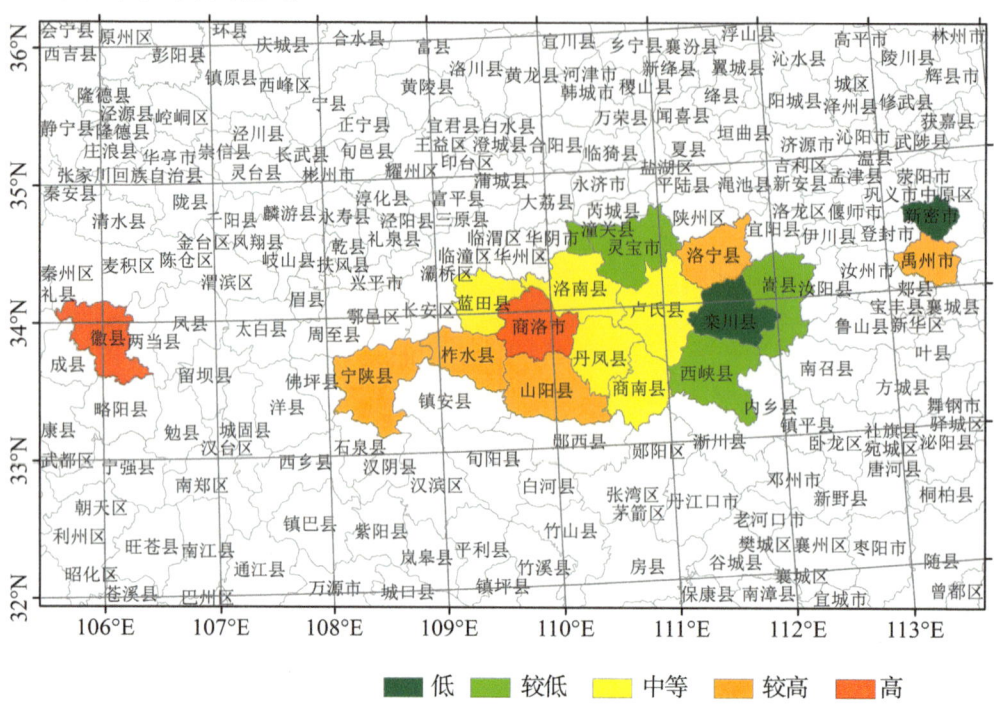

图 7-5 典型区域农业生产脆弱性

灾害扰动下的农业生产脆弱性不仅要考虑单一扰动因子下的脆弱性,还要考虑多种扰动因子对农业生产的复合影响将放大该区域农业生产的脆弱性,造成更大的损失。表 7-4 为典型区域不同气候扰动因子下的农业生产脆弱性的对比结果,可以直观展现受多种气候扰动下的农业生产区域及脆弱性级别。受多种气候扰动且脆弱性等级最高的区域是徽县和商洛,6 种气象灾害扰动下的脆弱性均处于较高以上等级;其次是柞水,在冬小麦年尺度干旱下的脆弱性处于最高等级,在其他 5 种扰动下的脆弱性为较高等级;再次是洛宁,在冬小麦极端降水、冬小麦月尺度干旱和冬小麦年尺度干旱下扰动下的脆弱性均为最高等级。丹凤和灵宝在各种灾害扰动下均处于中等以下的脆弱性等级,栾川在各种灾害扰动下的脆弱性等级最低,仅处于夏玉米极端降水的较低脆弱性区域,其余 5 种扰动下,均处于最低的脆弱性等级。对比结果表明,徽县、商洛、柞水和洛宁是典型区域中需要重点关注的农业生产脆弱区域。

表 7-5　不同扰动因子下的农业生产脆弱性

脆弱性等级	高	较高	中等	较低	低
冬小麦极端降水	商洛、卢氏、洛宁、潼关	徽县、柞水、嵩县	蓝田、山阳、丹凤	灵宝、洛南、商南、西峡	宁陕、栾川、新密
夏玉米极端降水	商洛、徽县	洛南、柞水、山阳	宁陕、商南、洛宁、卢氏、禹州、嵩县、潼关、丹凤	蓝田、灵宝、栾川、西峡	新密
冬小麦月尺度干旱	徽县、蓝田、洛宁、禹州	柞水、商洛、卢氏、嵩县	洛南、山阳、商南、潼关	灵宝、丹凤、新密、西峡	宁陕、栾川
夏玉米月尺度干旱	徽县、商洛	柞水、禹州、洛南	宁陕、蓝田、山阳、丹凤、商南、卢氏、洛宁、嵩县	潼关、西峡	灵宝、栾川、新密
冬小麦年尺度干旱	徽县、蓝田、柞水、商洛、洛宁、禹州	山阳、卢氏	灵宝、丹凤、商南、潼关、嵩县	宁陕、西峡、洛南、新密	栾川
夏玉米年尺度干旱	徽县、商洛	宁陕、柞水、山阳、洛宁、禹州	蓝田、洛南、卢氏、丹凤、商南	灵宝、嵩县、潼关、西峡	栾川、新密
统计	徽县(5)商洛(5)柞水(1)洛宁(3)	徽县(1)商洛(1)柞水(5)洛宁(1)	丹凤(5)洛宁(2)	灵宝(4)	栾川(5)

7.4.5 农业生产脆弱性主导因子

农业生产脆弱性防范分区能够在脆弱性评价的基础上，针对不同的脆弱性等级及其主导因子的差异，明确各地域单元农业生产脆弱性的内在作用机制，并提出具有针对性的脆弱性防范策略。本研究把高、较高脆弱性等级的区域作为农业生产脆弱性的热点区域进行防范分区，针对前述分析，将灾害胁迫、暴露度、敏感性和适应性按照自然断点法分为高和低两个等级并进行组合，共分为16种类型，本研究的农业生产脆弱性分区结果只涉及其中8种，具体分区结果如下：

（1）冬小麦极端降水脆弱性主导因子

冬小麦极端降水脆弱性高和较高的区域包括徽县、柞水、商洛、潼关、卢氏、洛宁和嵩县，以上区域虽均处于极端降水的高脆弱区域，但是脆弱性的主导因子不同，共涉及4种主导因子类型，分别是低胁迫－低暴露－高敏感－低适应、低胁迫－高暴露－低敏感－高适应、低胁迫－

高暴露－高敏感－高适应和高胁迫－高暴露－低敏感－高适应。其中,洛宁、嵩县和潼关的脆弱性主导因子为低胁迫－低暴露－高敏感－低适应类型,柞水和商洛的脆弱性主导因子为低胁迫－高暴露－低敏感－高适应类型,卢氏的脆弱性主导因子为低胁迫－高暴露－高敏感－高适应类型,徽县的脆弱性主导因子为高胁迫－高暴露－低敏感－高适应类型。

(2) 夏玉米极端降水脆弱性主导因子

夏玉米极端降水脆弱性高和较高的区域包括徽县、柞水、商洛、洛南和山阳,以上区域的脆弱性的主导因子相同,主要为低胁迫－高暴露－低敏感－低适应类型。

(3) 冬小麦月尺度干旱脆弱性主导因子

冬小麦月尺度干旱脆弱性高和较高的区域包括徽县、柞水、商洛、蓝田、卢氏、洛宁、嵩县和禹州,以上区域虽均处于月尺度干旱的高脆弱区域,但是脆弱性的主导因子不同,共涉及3种主导因子类型,分别是低胁迫－低暴露－低敏感－低适应、高胁迫－低暴露－低敏感－低适应、高胁迫－高暴露－低敏感－低适应。其中,禹州的脆弱性主导因子为低胁迫－低暴露－低敏感－低适应类型,嵩县的脆弱性主导因子为高胁迫－低暴露－低敏感－低适应类型,徽县、柞水、商洛、蓝田、卢氏和洛宁的脆弱性主导因子为高胁迫－高暴露－低敏感－低适应类型。

(4) 夏玉米月尺度干旱脆弱性主导因子

夏玉米月尺度干旱脆弱性高和较高的区域包括徽县、柞水、商洛、洛南和禹州,以上区域虽均处于月尺度干旱的高脆弱区域,但是脆弱性的主导因子不同,共涉及2种主导因子类型,分别是低胁迫－高暴露－低敏感－低适应、高胁迫－高暴露－低敏感－低适应。其中,徽县、商洛、禹州的脆弱性主导因子为低胁迫－高暴露－低敏感－低适应类型,柞水和洛南的脆弱性主导因子为高胁迫－高暴露－低敏感－低适应类型。

(5) 冬小麦年尺度干旱脆弱性主导因子

冬小麦年尺度干旱脆弱性高和较高的区域包括徽县、柞水、商洛、蓝田、卢氏、洛宁、山阳和禹州,以上区域虽均处于年尺度干旱的高脆弱区域,但是脆弱性的主导因子不同,共涉及3种主导因子类型,分别是低胁迫－低暴露－低敏感－低适应、低胁迫－高暴露－低敏感－低适应、高胁迫－高暴露－低敏感－低适应。其中,禹州的脆弱性主导因子为低胁迫－低暴露－低敏感－低适应类型,徽县、柞水、商洛的脆弱性主导因子为低胁迫－高暴露－低敏感－低适应类型,山阳、蓝田、卢氏和洛宁的脆弱性主导因子为高胁迫－高暴露－低敏感－低适应类型。

(6) 夏玉米年尺度干旱脆弱性主导因子

夏玉米年尺度干旱脆弱性高和较高的区域包括徽县、宁陕、柞水、商洛、洛宁、山阳和禹州,以上区域的脆弱性的主导因子相同,主要为低胁迫－高暴露－低敏感－低适应所导致。

a. 冬小麦极端降水灾害脆弱性分区

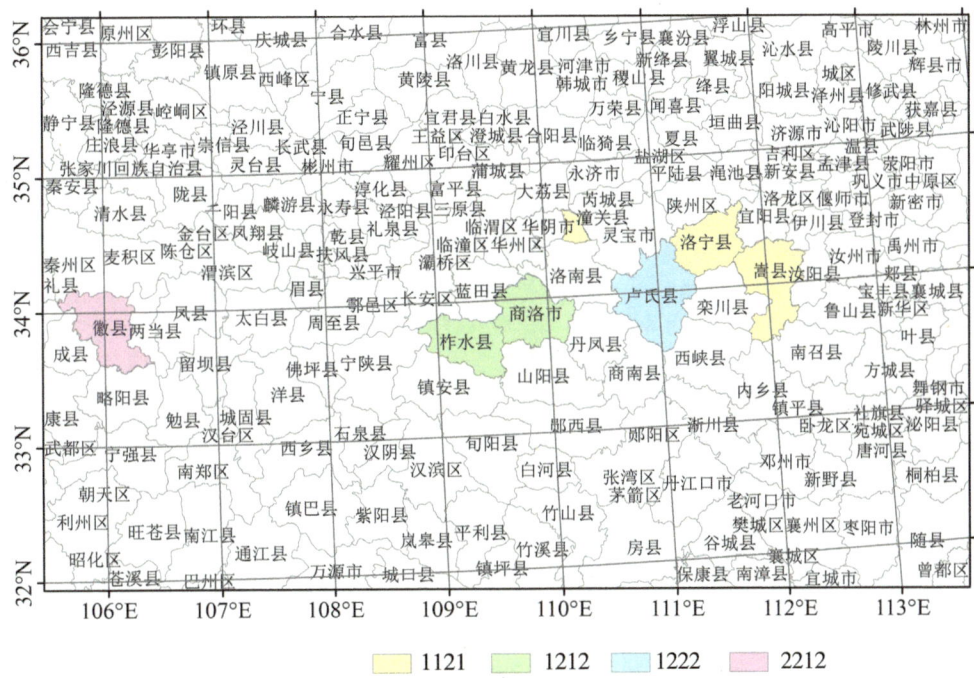

■ 1121　■ 1212　■ 1222　■ 2212

b. 夏玉米极端降水灾害脆弱性分区

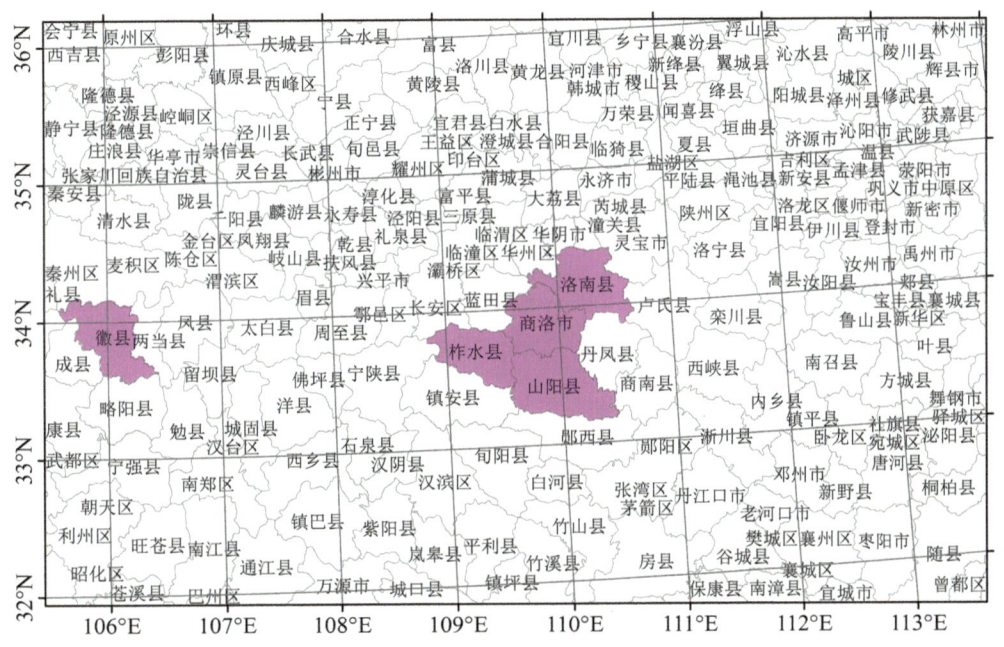

■ 1211

c. 冬小麦月尺度干旱脆弱性分区

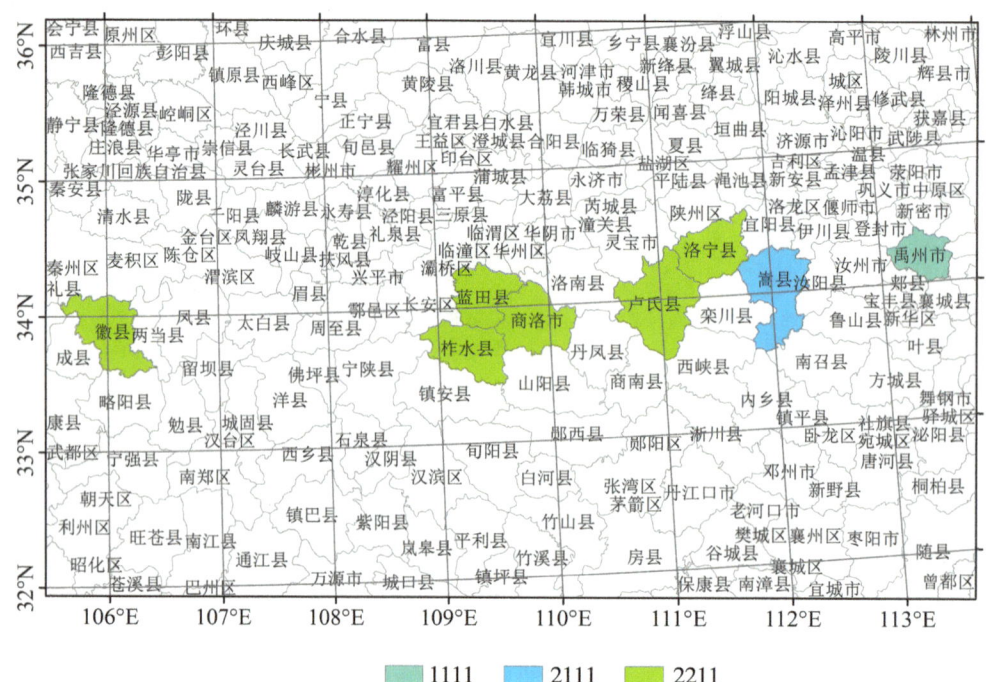

d. 冬小麦年尺度干旱脆弱性分区

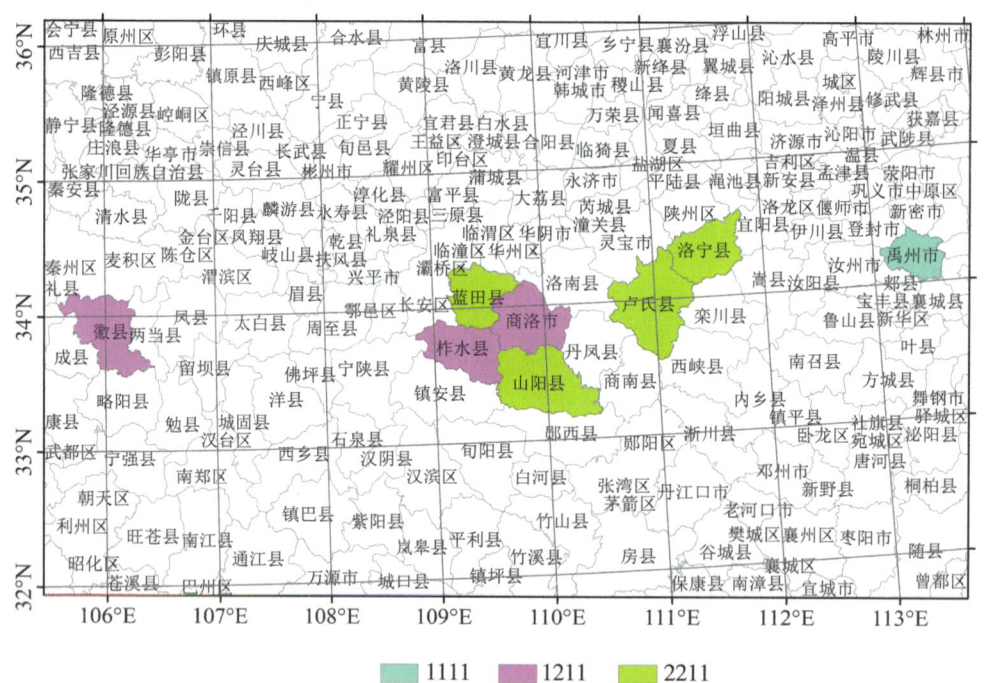

e. 夏玉米月尺度干旱脆弱性分区

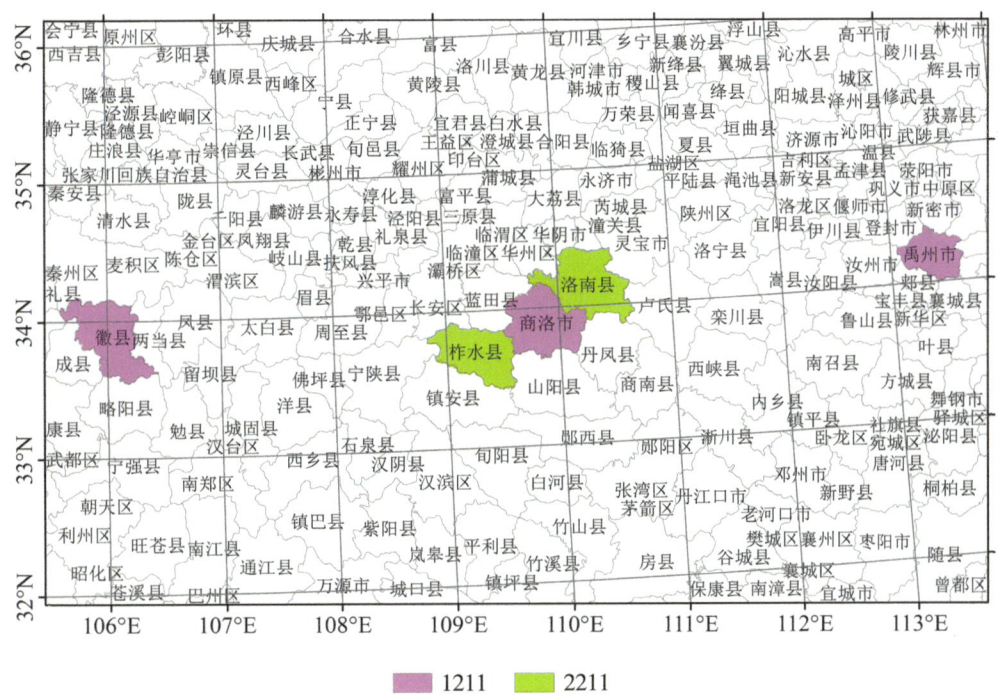

f. 夏玉米年尺度干旱脆弱性分区

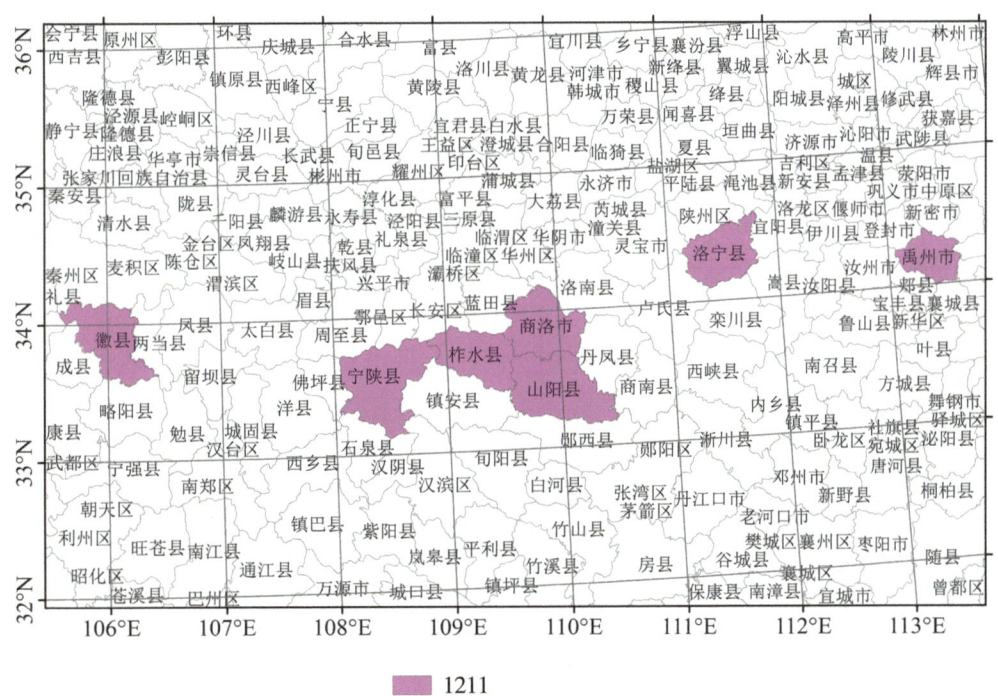

图 7-6 脆弱性主导因子分区

图中简称：

低胁迫－低暴露－高敏感－低适应（1121） 低胁迫－高暴露－低敏感－高适应（1212）

低胁迫－高暴露－高敏感－高适应（1222） 高胁迫－高暴露－低敏感－高适应（2212）

低胁迫－高暴露－低敏感－低适应（1211） 低胁迫－低暴露－低敏感－低适应（1111）

高胁迫－低暴露－低敏感－低适应(2111) 高胁迫－高暴露－低敏感－低适应(2211)

表7-6 南北过渡带农业生产脆弱等级较高的地区

脆弱性主导因子	极端降水		月尺度干旱		年尺度干旱	
	冬小麦	夏玉米	冬小麦	夏玉米	冬小麦	夏玉米
低胁迫－低暴露－高敏感－低适应	洛宁、嵩县、潼关					
低胁迫－高暴露－低敏感－高适应	柞水、商洛					
低胁迫－高暴露－高敏感－高适应	卢氏					
高胁迫－高暴露－低敏感－高适应	徽县					
低胁迫－高暴露－低敏感－低适应		徽县、柞水、商洛、洛南、山阳		徽县、商洛、禹州	徽县、柞水、商洛	徽县、宁陕、柞水、商洛、洛宁、山阳、禹州
低胁迫－低暴露－低敏感－低适应			禹州		禹州	
高胁迫－低暴露－低敏感－低适应			嵩县			
高胁迫－高暴露－低敏感－低适应			徽县、柞水、商洛、蓝田、卢氏、洛宁	柞水、洛南	山阳、蓝田、卢氏、洛宁	

南北过渡带农业生产脆弱性主导因子分区的结果表明,极端降水和干旱扰动下同处于较高以上脆弱性等级的区域,导致其脆弱性的主导因子各不相同,这些主导因子分区的类型与前文农业生产脆弱性分析框架中的可能导致农业生产脆弱性的类型设想相印证。灾害胁迫、农业生产暴露度、敏感性和适应能力在空间上的不匹配将会导致各区域农业生产脆弱性的差异。如灾害胁迫、农业生产暴露性等级较高的区域农业生产脆弱性较低,主要原因是这类区域,社会经济条件相对较好,农业机械化程度较高、农业生产投入的经济保障水平较高,防范和应对灾害的能力较强,从而降低了农业生产的脆弱性,这也是南北过渡带灾害胁迫高值区、暴露度高值区、敏感性高值区和农业生产脆弱性高值区没有形成重叠空间格局的原因。

针对以上8种不同的农业生产脆弱性等级及其主导因子的差异,明确各地域单元农业生产脆弱性的内在作用机制,并提出有针对性的脆弱性防范策略。将上述8种类型按照脆弱性内在作用机制划分为以下4类脆弱性防范分区:(1)适应主导区,低胁迫等级、低适应等级的区域;(2)暴露主导区,低胁迫等级、高适应等级的区域;(3)胁迫主导区,高胁迫等级、高适应等级的区域;(4)胁迫－适应综合主导区,高胁迫等级、低适应等级的区域。

应针对不同的类型,采取不同的应对措施:(1)针对适应主导的区域,应加强对农户的继续教育,拓展农户与外界沟通和信息获取的渠道;增加农业保险的投入,对适度规模经营农户实施大灾保险,提高保险理赔标准,完善农业再保险体系;同时拓宽农民融资渠道,加大农业生产的投入,完善灌溉沟渠等基础设施,提高农业排灌、灌溉动力机械和收割机的保有量,增加电机井的数量;密切关注天气变化,在灾害发生前保证充足的机械和劳动力,做好排涝、抢收或灌溉的准备,及时应对灾害。(2)针对胁迫主导的区域,应该将防范极端降水和干旱等气象灾害常态化,建立气象信息发布平台,为农户提供及时、准确的极端天气预报;在冬小麦、夏玉米种植时在要注意农业基础设施的建设,不仅要及时做好防范极端降水灾害的清沟排涝、还要做好防范干旱的机械和人力灌溉准备;加大防范灾害的宣传力度,提高农户对灾害风险辨识和防范的能力。(3)针对胁迫—适应综合主导的区域,应从以上两方面共同防范连阴雨灾害风险。(4)对于灾害暴露主导的区域而言,冬小麦、夏玉米的播种面积受我国传统农作物种植布局、制度和各区域农业气象条件的限制,是人力不可改变的现实,可能受极端降水和干旱影响的冬小麦、夏玉米产量、农业人口、劳动力性别比是各区域客观存在的实际情况,因此应尽量降低该区域受灾害扰动的敏感性,如拓宽农户收入来源以降低农户对农业收入的依赖程度,从而减少极端降水和干旱灾害对农户生活的不利影响。此外,极端降水和干旱灾害将影响冬小麦和夏玉米的产量和质量,受灾后冬小麦和夏玉米品质下降将导致农民卖粮难的问题出现,政府可适当放宽政策性收购小麦和玉米的入库标准,或对受灾农民适当补助,以免打击农民种粮积极性。

表7-7 南北过渡带农业生产脆弱性防范分区

脆弱性主导因子	分区类型
低胁迫—低暴露—高敏感—低适应	适应主导区
低胁迫—高暴露—低敏感—高适应	暴露主导区
低胁迫—高暴露—高敏感—高适应	暴露主导区
高胁迫—高暴露—低敏感—高适应	胁迫主导区
低胁迫—高暴露—低敏感—低适应	适应主导区
低胁迫—低暴露—低敏感—低适应	适应主导区
高胁迫—低暴露—低敏感—低适应	胁迫—适应综合主导区
高胁迫—高暴露—低敏感—低适应	胁迫—适应综合主导区

7.5 本章小结

本研究综合考虑自然、社会、经济的联系,基于人地耦合系统的理念,构建"胁迫—暴露度—敏感敏感性—适应能力"的农业生产脆弱性分析框架,评价了中国南北过渡带典型区域冬小麦和夏玉米在生育期极端降水和不同时间尺度干旱事件扰动下的农业生产脆弱性,并对各类扰动下的高脆弱的区域进行了脆弱性防范分区,研究结果可为南北过渡带典型区域有针对性地提高农业生产灾害的适应能力,防范农业生产风险提供参考依据。结果表明:

(1) 气象灾害自然扰动下和综合考虑自然和人类系统相互作用下的农业生产脆弱性评价结果可能存在空间差异,造成农业生产脆弱区的不确定性,那些灾害扰动等级高的区域不是实际农业生产脆弱区域,而灾害扰动等级低的区域却成为实际农业生产脆弱性区域。极端降水和干旱扰动下同处于较高以上脆弱性等级的区域,导致脆弱性的主导因子却各不相同。灾害胁迫、农业生产暴露度、敏感性和适应能力在空间上的不匹配将会导致各区域农业生产脆弱性的差异,如灾害胁迫、农业生产暴露性等级较高的区域农业生产脆弱性较低,主要原因是南北过渡带灾害胁迫和暴露性高值区,社会经济条件相对较好;农业机械化程度较高;农业生产投入的经济保障水平较高;防范和应对灾害的能力较强,从而降低了农业生产的脆弱性,这也是南北过渡带灾害胁迫高值区、暴露度高值区、敏感性高值区和农业生产脆弱性高值区没有形成重叠空间格局的原因。

(2) 从自然扰动下农业生产胁迫的脆弱性来看,冬小麦和夏玉米极端降水胁迫等级存在空间上的集聚特征,主要集中在秦岭的伏牛山一带,表明该区域地形降水效应显著。干旱胁迫等级较高的区域在空间上较为分散,但山阳、禹州、洛宁和灵宝都易遭受较严重的干旱。从多种扰动因子复合影响下的脆弱性来看,受多种气候扰动且脆弱性等级最高的区域是徽县和商洛,6 种气象灾害扰动下的脆弱性均处于较高以上等级;其次是柞水,在年尺度干旱下冬小麦农业生产的脆弱性处于最高等级,在其他 5 种扰动下的脆弱性为较高等级;再次是洛宁,在极端降水、月尺度干旱和年尺度干旱下扰动下冬小麦农业生产的脆弱性均为最高等级。丹凤和灵宝在各种灾害扰动下均处于中等以下的脆弱性等级,栾川在各种灾害扰动下的脆弱性等级最低,仅处于夏玉米极端降水较低脆弱性区域,其余 5 种扰动下,均处于最低的脆弱性等级区域。对比结果表明,徽县、商洛、柞水和洛宁是典型区域中需要重点关注的农业生产脆弱区域。

(3) 本研究中农业生产脆弱性分区的结果中涉及其中 8 种不同的主导因子,按照各地域单元农业生产脆弱性的内在作用机制,划分为适应主导区、暴露主导区、胁迫主导区和胁迫—适应综合主导区等 4 种脆弱性防范分区。并针对不同的类型,提出不同的脆弱性防范策略。

参考文献

Adger W N. Vulnerability [J]. Global Environmental Change-Human and Policy Dimensions, 2006, 16(3): 268-281.

Alam M M, Siwar C, Molla R I, et al. Paddy farmers' adaptation practices to climatic vulnerabilities in Malaysia [J]. Mitig Adapt Strateg Glob Change, 2012, 17: 415-423.

Birkmann J, Cardona O D, Carreno M L, et al. Framing vulnerability, risk and societal responses: the MOVE framework[J]. Natural Hazards, 2013, 67(2): 193-211.

Burton I, Huq S, et al. From impacts assessment to adaptation priorities: the shaping of adaptation policy [J]. Climate policy, 2002, 2: 145-159.

Jiang D B. Contribution of working group II to the fourth assessment report of the Intergovernmental Panel on Climate Change [R]. Cambridge: Cambridge University Press, 2008.

Cutter S L, Finch C. Temporal and spatial changes in social vulnerability to natural hazards. PNAS, 2008, 105(7): 2301-2306.

Drachler M D, Lobato M A D, Lermen J I, et al. Development and validation of a social vulnerability index applied to public policies of the Unified Health System (SUS)[J]. Ciencia & Saude Coletiva, 2014, 19(9): 3849-3858.

Fekete A. Assessment of social vulnerability for riverfloods in Germany[D]. Bonn, Germany: University of Bonn, 2010.

Fussel H M, Klein R J T. Climate change vulnerabilityassessments: an evolution of conceptual thinking [J]. Climatic Change, 2006, 75(3): 301-329.

Hamideh S, Rongerude J. Social vulnerability and participation in disaster recovery decisions: public housing in Galveston after Hurricane Ike[J]. Natural Hazards, 2018, 93(3): 1629-1648.

Herberson A J. The Major Natural Region: an essay in systematic geography Geogr J, 1905, 25: 300-312.

Ho H C, Knudby A, CHI G Q, et al. Spatio-temporal analysis of regional socio-economic vulnerability change associated with heat risks in Canada[J]. Applied Geography, 2018,95:61-70.

Huynh L T M, Stringer L C. Multi-scale assessment of social vulnerability to climate change: An empirical study in coastal Vietnam[J]. Climate Risk Management, 2018, 20:165-180.

IPCC (Intergovernmental Panel on Climate Change), 2001b: Climate Change 2001, Impacts, Adaptation, and Vulnerability, Chapter 18, Adaptation to Climate Change in the Context of Sustainable Development and Equity, Contribution of Working Group II to the Third Assessment Report of the Intergovernmental Panel on Climate Change. Cambridge, UK: Cambridge University Press, 2001.

IPCC WG II. The contribution to the IPCC's fifth assessment report (WGII AR5)[R]. Cambridge: Cambridge University Press, 2014.

IPCC. Working Group I Contribution to the IPCC Fifth Assessment Report (AR5). Climate Change 2013: The Physical Science Basis. Final Draft Underlying Scientific–Technical Assessment. http://www.climatechange2013.org/images/uploads/WGIAR5_WGI-12Doc2b_FinalDraft_All.pdf. 2013.

IPCC. Working Group I Contribution to the IPCC Sixth Assessment Report (AR6). Climate Change 2021: The Physical Science Basis. https://www.ipcc.ch/report/ar6/wg1/#SPM

Jayson-Quashigah P, Appeaning Addo K, Kufogbe S. Medium resolution satellite imagery as a tool for monitoring shoreline change: Case study of the Eastern coast of Ghana[J]. Journal of Coastal Research, 2013,65: 511-516.

Oliver J E. The history, status and future of climatic classification [J]. Physical Geography, 1991,12:242-246.

Otto I M, Reckien D, Reyer C P O, et al. Social vulnerability to climate change: a review of concepts and evidence[J]. Regional Environmental Change,2017,17:1651-1662.

Reid C E, O'neill M S, Gronlund C J, et al. Mapping community determinants of heat vulnerability[J]. Environmental Health Perspectives,2009,117(11):1730-1736.

Shi Wenjiao, Tao Fulu, Liu Jiyuan, et al. Has climate change driven spatio-temporal changes of cropland in northern China since the 1970s [J]. Climatic Change, 2014,124:163-177.

Taylor K E, Stouffer R J, Meehl G A. An overview of CMIP5 and the experiment design[J]. Bulletin of the American Meteorological Society,2012,93(4):485-498.

Turner II B L,Kasperson R E,Matson P A,et al. 2003. A framework for vulnerability analysis in sustainability science [J]. PNAS,100 (14):8074-8079.

Vicente-Serrano S M,Beguería S,López-moreno J I. A multiscalar drought index sensitive to global warming: the standardized precipitation evapotranspiration index. Journal of Climate,2010,23(7):1696-1718.

Wallace L M K,Theou O,Pena F,et al. Social vulnerability as a predictor of mortality and disability: cross-country differences in the survey of health,aging,and retirement in Europe (SHARE)[J]. Aging Clinical and Experimental Research,2015,27(3):365-372.

Wisner B,Blaikie P,Cannon T,et al. At risk: natural hazards,people's vulnerability and disasters[M]. Routledge. London,UK,2004.

Xu Y,Wu J,Shi Y,et al. Change in Extreme Climate Events over China Based on CMIP5[J]. Atmospheric and Oceanic Science Letters,2015,8(4):185-192.

Yang X L,Zhou B T,Xu Y,et al. CMIP6 Evaluation and Projection of Temperature and Precipitation over China[J]. Advances in Atmospheric Sciences,2021,38(5):817-830.

Zhang Z,Wang P,Chen Y,et al. Spatial pattern and decadal change of agrometeorological disasters in the main wheat production area of China during 1991-2009[J]. Journal of Geographical Sciences,2013,68 (11):1453-1460.

安月改,林艳. 近53年京津冀区域棉花生育期连阴雨的气候特征[J]. 中国农业气象,2008,29(3):375-378,381.

卞娟娟,郝志新,郑景云,等. 1951－2010年中国主要气候区划界线的移动[J]. 地理研究,2013,32(7):1179-1187.

陈婕,黄伟,靳立亚,等. 东亚夏季风的气候北界指标及其年际变化研究[J]. 中国科学,2018,48(1):93-101.

陈启亮,谢家智,张明. 农业自然灾害社会脆弱性及其测度[J]. 农业技术经济,2016,(8):94-105.

陈全功,谭忠厚,九次力. "南北分界"与"农牧交错"一席谈[J]. 草业科学,2010,27(6):6-12.

陈咸吉. 中国气候区划新探[J]. 气象学报,1982,40(1):35-47.

成林,刘荣花. 河南省夏玉米花期连阴雨灾害风险区划[J]. 生态学杂志,2012,31(12):3075-3079.

程伟民,谢炳庚. 现代数学方法在湖南省境中亚热带北界划分中的应用[J]. 热带地理,

1988,8(3):202-211.

慈晖,张强,张江辉,等.1961—2010年新疆极端降水过程时空特征[J].地理研究,2014,33(10):1881-1891.

戴声佩,李海亮,罗红霞,等.1960—2011年华南地区界限温度10℃积温时空变化分析[J].地理学报,2014,69(5):650-660.

董玉祥,徐茜,杨忍,等.基于地理探测器的中国陆地热带北界探讨[J].地理学报,2017,72(1):135-147.

董旭光,顾伟宗,孟祥新,等.山东省近50年来降水事件变化特征[J].地理学报,2014,69(5):661-671.

樊杰.中国主体功能区划方案[J].地理学报,2015,70(2):186-201.

冯建民,郑广芬,陈豫英,等.宁夏连阴雨(雪)过程变化规律研究[J].中国沙漠,2011,31(6):1590-1597.

葛全胜,赵名茶,郑景云,等.中国陆地表层系统分区——对黄秉维先生陆地表层系统理论的学习与实践[J].地理科学,2003,23(1):1-6.

顾西辉,张强,张生.1961—2010年中国农业洪旱灾害时空特征、成因及影响[J].地理科学,2016,36(3):439-447.

韩荣青,陈丽娟,李维京,等.2—5月我国低温连阴雨和南方冷害时空特征[J].应用气象学报,2009,20(3):312-320.

贺振,贺俊平.1960年至2012年黄河流域极端降水时空变化[J].资源科学,2014,36(3):490-501.

黄秉维.中国综合自然区划的初步草案[J].地理学报(英文版),1958(4):14-31.

黄秉维.竺可桢同志与我国热带和海南岛的科学研究(一)我国热带、亚热带界线问题[J].地理研究,1984(1):11-21.

黄晓军,黄馨,崔彩兰,等.社会脆弱性概念、分析框架与评价方法[J].地理科学进展,2014,33(11):1512-1525.

黄金龙,苏布达,朱娴韵,等.CMIP5多模式集合对南亚印度河流域气候变化的模拟与预估[J].冰川冻土,2015,37(2):297-307.

江爱良.论我国热带亚热带气候带的划分[J].地理学报,1960,26(2):104-109.

菅艺伟,付瑾,周丰.极端降水对水稻产量的影响研究综述[J].地理科学进展,2021,40(10):1746-1760.

李畅,冯滔,石倩,等.洪灾社会脆弱性熵权法评价及其时间序列分析——以2001—2012年湖北省荆州市为例[J].灾害学,2015,30(3):110-117.

李德,景元书,祁宦.1980—2012年安徽淮北平原冬小麦灌浆期连阴雨灾害风险分析[J].资源科学,2015,37(4):700-709.

李花,赵雪雁,王伟军,等.甘南高原乡村社会固有脆弱性及其影响因素[J].地理科学,2020,40(5):804-813.

李慧珍,余明.基于可拓工程方法的广东省热带北界位置的探讨[J].韶关学院学报(自然科学),2005,(9):63-66.

李孟刚,周长生,连莲.基于熵信息扩散理论的中国农业水旱灾害风险评估[J].自然资源学报,2017,32(4):620-631.

李双成,郑度.人工神经网络模型在地学研究中的应用进展[J].地球科学进展,2003,18(1):68-76.

李双成,赵志强,高江波.基于空间小波变换的生态地理界线识别与定位[J].生态学报,2008,28(9):4313-4322.

李双双,芦佳玉,延军平,等.1970—2015年秦岭南北气温时空变化及其气候分界意义[J].地理学报,2018,73(1):13-24.

李奇虎,马庆勋.1960—2010年西北干旱区极端降水特征研究[J].地理科学,2014,34(9):1134-1138.

李伟光,易雪,侯美亭,等.基于标准化降水蒸散指数的中国干旱趋势研究[J].中国生态农业学报,2012,20(5):643-649.

李雪萍,史兴民,王阿如娜.中国典型等降水量线年代际空间演变[J].中国沙漠,2016,36(1):232-238.

李亚男,刘钢军,刘德新,等.中国南北过渡带范围的地理表达及定量探测[J].地理研究,2021,40(7):1857-1869.

缪启龙,丁园圆,王勇.气候变暖对中国亚热带北界位置的影响[J].地理研究,2009,28(3):634-642.

廖要明,陈德亮,谢云.中国日降水量小于不同阈值日数时空分布特征[J].地理学报,2012,67(3):321-336.

梁碧琦,吴仁海,张毅强,等.不同降水情景下广州市人地耦合系统脆弱性评价[J].广东气象,2018,40(6):45-48.

梁玉莲,延晓冬.RCPs情景下中国21世纪气候变化预估及不确定性分析[J].热带气象学报,2016,32(2):183-192.

刘彩红,余锦华,李红梅.RCPs情景下未来青海高原气候变化趋势预估[J].中国沙漠,2015,35(5):1353-1361.

刘富弘,陈星,程兴无,等.气候过渡带温度变化与淮河流域夏季降水的关系[J].气候与环境研究,2010.15(2):169-178.

刘泉,荣莉莉,李若飞.面向网络舆情的区域社会脆弱性评价模型及应用[J].情报杂志,2015,34(9):129-133+157.

刘瑞娜,杨太明,陈鹏,王晓东.安徽省油菜花期连阴雨灾害损失评估指标[J].中国农业气象,2016,37(4):471-478.

刘慎谔.中国北部植物图志 河北及其邻省 1934年 第3册[M].国立北平研究院(印刷),1934.

刘思敏.安徽淮北平原暴雨事件演变规律及作物雨涝风险分析[D].北京:北京林业大学,2017.

刘燕华,李秀彬.脆弱性生态环境与可持续发展[M].北京:商务印书馆,2001.

刘胤汉.关于陕西省自然地带的划分[J].地理学报,1980,35(3):210-218.

刘志强,王明全,金剑.国内外地域分异理论研究现状及展望[J].土壤与作物,2017,6(1):45-48.

马丹阳,尹云鹤,吴绍洪,等.中国干湿格局对未来高排放情景下气候变化响应的敏感性[J].地理学报,2019,74(5):857-874.

马建华.试从土壤物质迁移与积累论亚热带北界的划分——以河南省伏牛山为例[J].地理科学,1999,19(6):491-496.

马建华,韩晋仙,赵庆良.试从土壤腐殖质组成和性质论伏牛山南侧亚热带北界的划分[J].山地学报,2002,20(3):272-276.

马建华.试论伏牛山南坡土壤垂直分异规律——兼论亚热带北界的划分[J].地理学报,2004,59(6):998-1011.

马晓群,吴文玉,张辉.利用累积湿润指数分析江淮地区农业旱涝时空变化[J].资源科学,2008,30(3):371-377.

苗红,贾菲,耿一睿,等.宁夏生态移民安置区人地耦合系统脆弱性分析[J].干旱区地理,2020,43(3):796-806.

宁晓菊,秦耀辰,崔耀平,等.60年来中国农业水热气候条件的时空变化[J].地理学报,2015,70(3):364-379.

屈振江,周广胜.中国产区苹果越冬冻害的风险评估[J].自然资源学报,2017,32(5):829-840.

全石琳,司锡明.我国东部亚热带与暖温带分界的方法论探析——以河南省境内亚热带北界的划分为例[J].河南师大学学报(自然科学版),1984:39-50.

丘宝剑.关于中国热带的北界[J].地理科学,1993,13(4):297-306.

丘宝剑,卢其尧.我国热带——南亚热带的农业气候区划[J].地理学报,1961,27(0):28-37.

丘宝剑.我国亚热带划分中的一些问题[J].地理研究,1984,3(1):66-76.

任正果,张明军,王圣杰,等.1961—2011年中国南方地区极端降水事件变化[J].地理学报,2014,69(5):640-649.

沙万英,邵雪梅,黄玫.20世纪80年代以来中国的气候变暖及其对自然区域界线的影响[J].中国科学(D辑),2002,32(4):317-326.

宋永永,米文宝,仲俊涛,等.宁夏限制开发生态区人地耦合系统脆弱性空间分异及影响因素[J].干旱区资源与环境,2016,30(11):85-91.

苏永秀,李政,孙涵.基于GIS的广西甘蔗种植气候区划[J].中国农业气象,2006,27(3):252-255.

孙照渤,黄艳艳,倪东鸿.我国秋季连阴雨的气候特征及大气环流特征[J].大气科学学报,2016,39(4):480-489.

汤国安,杨昕.ArcGIS地理信息系统空间分析实验教程.2版.[M]北京:科学出版社,2012.

史培军,孙劭,汪明,等.中国气候变化区划(1961—2010年)[J].中国科学:地球科学2014,44(10):2294-2306.

史文娇,刘奕婷,石晓丽.气候变化对北方农牧交错带界线变迁影响的定量探测方法研究[J].地理学报,2017,(3):407-419.

石钰,马恩朴,李同昇,等.基于农户视角的洪灾社会脆弱度及影响因素——以安康市4个滨河村庄为例[J].地理科学进展,2017,36(11):1380-1390.

王丹,高红燕,盛立芳,等.1960年以来陕西秋季连阴雨天气的变化特征[J].自然灾害学报,2014,23(1):191-201.

王利平,文明,宋进喜,等.1961—2014年中国干燥度指数的时空变化研究[J].自然资源学报,2016,31(9):1488-1498.

王荣,邹旭恺.长江中下游地区连阴雨变化特征分析[J].长江流域资源与环境,2015,24(9):1483-1490.

王涛,王乙舒,沈玉敏,等.CMIP5模式对辽宁省气温模拟能力及未来2℃升温阈值出现时间评估[J].气象与环境学报,2020,36(2):49-61.

王岩,方创琳,张蔷.城市脆弱性研究评述与展望[J].地理科学进展,2013,32(5):755-768.

王秀兰,王秀芬,刘洋.1961—2014年东北三省水稻生长季极端降水事件分析[J].中国农业资源与区划,2020,41(6):222-230.

王铮,乐群,夏海斌,等.中国2050:气候情景与胡焕庸线的稳定性[J].中国科学:地球科学,2016,46(11):1505-1514.

吴登茹.用模糊数学方法划定陕西省境内的亚热带北界[J].地理研究,1985,4(3):75-80.

吴绍洪,杨勤业,郑度.生态地理区域界线划分的指标体系[J].地理科学进展,2002,21(4):302-310.

吴绍洪,刘文政,潘韬,等.1960-2011年中国陆地表层区域变动幅度与速率[J].科学通报,2016,61(19):2187-2197.

吴霞,王培娟,公衍铎,等.黄淮海平原夏玉米干旱识别及时空特征分析[J].农业工程学报,2019,35(18):189-199.

徐虹,张丽娟,赵艳霞,等.黄淮海地区夏玉米花期阴雨灾害风险区划[J].自然灾害学报,2014,23(5):263-272.

徐新创,张学珍,戴尔阜,等.1961—2010年中国降水强度变化趋势及其对降水量影响分析[J].地理研究,2014,33(7):1335-1347.

杨爱萍.江西省秋季连阴雨气候变化特征及其对秋收的影响[J].气象与减灾研究,2014,37(3):42-47.

杨柏,李世奎,霍治国.近百年中国亚热带地区农业气候带界限动态变化及其对农业生产的影响[J].自然资源学报,1993,8(3):193-203.

杨飞,马超,方华军.脆弱性研究进展:从理论研究到综合实践[J].生态学报,2019,39(2):441-453.

杨建平,丁永建,陈仁升,等.近50年来中国干湿气候界线的10年际波动[J].地理学报,2002,57(6):655-661.

杨勤业,吴绍洪,郑度.自然地域系统研究的回顾与展望[J].地理研究,2002,21(4):407-417.

郁珍艳,李正泉,高大伟,等.定量评估极端天气影响农业总产值的方法[J].气候变化研究进展,2016,12(2):147-153.

苑全治,吴绍洪,戴尔阜,等.1961~2015年中国气候干湿状况的时空分异.中国科学:地球科学,2017,47(11):1339-1348.

竺可桢.中国的亚热带[J].科学通报,1958,3(17):524-527.

曾颖婷,陆尔.1961—2010年我国夏季总降水和极端降水的变化[J].气候变化研究进展,2015,11(2):79-85.

张百平.中国南北过渡带研究的十大科学问题[J].地理科学进展,2019,38(3):305-311.

张剑,柳小妮,谭忠厚,等.基于GIS的中国南北地理气候分界带模拟[J].兰州大学学报(自然科学版),2012,48(3):28-33.

张强,韩兰英,王胜,等.影响南方农业干旱灾损率的气候要素关键期特征[J].科学通报,2018,63(23):2378-2392.

张相文.新撰地文学[M].长沙:岳麓书社,2013.

张学忠,张志英.从秦岭南北坡常绿阔叶木本植物的分布谈划分亚热带的北界线问题.地理学报,1979,46(4):342-352.

赵天保,李春香,左志燕.基于CMIP5多模式评估人为和自然因素外强迫在中国区域气候变化中的相对贡献[J].中国科学(地球科学),2016,46(2):237-252.

赵松乔.中国综合自然区划的一个新方案[J].地理学报,1983,38(1):1-10.

赵雪雁.地理学视角的可持续生计研究:现状、问题与领域[J].地理研究,2017,36(10):1859-1872.

周扬,李宁,吴文祥.自然灾害社会脆弱性研究进展[J].灾害学,2014,29(2):128-135.

郑景云,卞娟娟,葛全胜,等.1981—2010年中国气候区划[J].科学通报,2013,58(30):3088-3099.

郑度.自然地理综合研究的主要进展与前沿领域[J].学会,1999,(6):5-7.

郑度,杨勤业,吴绍洪,等.中国生态地理区域系统研究[M].北京:商务印书馆.2008.

周旗,卞娟娟,郑景云.秦岭南北1951—2009年的气温与热量资源变化.地理学报,2011,66(9):1211-1218.